傳心

聖嚴法師早期禪修方式探索

Transmission of Mind
Exploring the Early Meditation Methods
of Master Sheng Yen

釋常慧——著

自序

綜觀法鼓山創辦人聖嚴法師（1930－2009）一生，「推動佛教教育、培養佛教人才、復興與弘揚漢傳佛教」，實為其生命中非常重要的使命與實踐方向。聖嚴法師在北美創建了禪中心（東初禪寺），期間在與西方弟子之間的教學與互動歷程，更是呈現了法師對佛教人才培育的關注與實踐。特別是聖嚴法師為了培養能在北美弘傳「漢傳禪法」的禪修師資人才，費時將近五年的時間，開辦了一系列「師資培訓課程」。

本書原為筆者的碩士論文〈聖嚴法師西方弟子「師資培訓課程」之早期禪修教學特色（1976－1985）〉，在經過部分修潤後出版。書稿是運用文獻與文本分析的方法，首先從聖嚴法師親自敘述的禪修經歷與體驗的文字中，梳理出其禪修歷程和對法師的影響，以及敘述其心目中理想的禪修師資人才應具備的內涵與條件。其次，藉由篩選與整理第一手文本資料——師資培訓課

程,一一梳理出具「漢傳禪佛教」特色的教學內容。最後,綜合以上兩者,筆者發現:在當時的北美佛教發展背景,面臨南傳與藏傳佛教興起、日本禪為主流的發展趨勢中,聖嚴法師選擇了符合其漢僧身分的中國禪為主要的教授內容與手法,以堅定的信念前行,逐漸形成後人所稱道的中國「禪師」的道路。

本書依著研究動機與主題,分為六個章節,簡述如下:

第一章〈緒論〉,主要說明本研究的緣起於在諸多研究聖嚴思想的論著中,對於聖嚴法師與西方弟子之間,特別是在早期為在家弟子開辦的「師資培訓課程」,鮮少受到注意,甚至尚無此類的研究。因此,筆者就個人因緣條件下選擇以此為主題,透過對聖嚴法師禪修經歷與背景的了解,進而探討其禪修師資培訓的教學是否具有漢傳禪佛教的特色等。本研究的時空背景為1976年至1985年之間,即聖嚴法師初入美國、開始教導禪修至「東初禪寺」的成立。因為研究主題放在「師資培訓課程」,故除以文獻分析來梳理時空背景之外,並運用文本分析法來詮釋這一批尚屬法鼓山內部的第一手文本資料的重要意涵。

第二章〈文獻探討〉,則從三大面向來梳理學者的

研究文獻：禪修師資的養成教育、北美早期的禪修師資與弘化、宗教的現代性與創新。試圖從各專家學者的研究成果中，找到可供參考的視域與發現。尤其是聖嚴法師早期所處的北美佛教環境中，一些學者非常完整而豐富的研究，特別是在「美國禪師」的養成背景與弘化特色。最後則是探討一些學者對宗教社會現象的反思，例如世俗化、現代性、傳統、多元與創新等議題。

第三章〈聖嚴法師北美禪修教學背景〉，透過梳理聖嚴法師在靜安佛學院與從軍時期的禪修體驗等經歷，歸納出其在之後的師資培訓教學中非常重視的幾個條件，例如基礎與次第的方法、正確辨識悟境的態度與能力。另一方面，也將聖嚴法師早期在北美的禪修教學分為三個時期，並列出每一時期不同的發展特色，其中以第三期為本研究的重點時期，即 1980 年至 1985 年。從聖嚴法師在北美前後時期的教導禪修歷程，進而整理出法師心目中的理想禪修師資人才，應具備正知見、有修證的經驗與正統的法脈傳承、具有弘法的福德因緣與善巧方便等內涵。以上這些內涵與條件，聖嚴法師認為應經歷嚴格鍛鍊的過程，並歷經身心轉化的三個層次，才堪稱為理想的「禪師」等級。

第四章〈確立師資培訓課程之核心目標〉，先從最

早的文本,也是立下最高目標的《禪門鍛鍊說》六份教材文本開始。筆者首先探討《禪門鍛鍊說》的重要性、寫作背景、全文架構及核心內容後,依此將六次的教學內容,與戒顯禪師在教法與內容作一對比參照,呈顯出兩者相同與不同之處,以及聖嚴法師詮釋與教學特色。

第五章〈從次第禪法至頓悟禪法的教學內容與架構〉,是聖嚴法師介紹《禪門鍛鍊說》後,再回到原始佛教「五停心觀」等次第禪觀的介紹,反映出聖嚴法師重視禪修師資要具備次第禪觀的基礎。法師在教學過程中,以其獨特的實驗性教學法,讓學生們更易於學習與體驗,同時明白在教學上,可以如何運用各種可能方式、具體有效地教導這些基礎禪修方法。接著,花了不少時間,介紹數十位中國禪師的鍛禪歷程,以讓西方弟子們掌握漢傳禪法不一樣的教學重點,尤其是「頓」與「漸」的真正修行意涵。最後,筆者發現:聖嚴法師在數年的師資培訓課程後,漸漸整理出具個人教學特色,這是屬於漢傳佛教的禪修理論、原則,以及實際修行方法的基本雛型與架構。

第六章〈結論〉,總結經過以上文本分析與研究的結果。筆者以「理想禪修師資培育的方向與內容」,以及「建構禪修師資的正知正見與修行方法」兩個面向,

提出了聖嚴法師早期禪修教學的四個特色：一、以學習祖師的「精神」為學習的核心目標；二、鍛鍊出能「活用死法」的禪修領眾人才；三、聖嚴法師以現代口語化的「實際操作」與「層次分明」為教學示範；四、聖嚴法師完全不受當時北美各宗派逐漸現代化的禪風所影響，仍選擇以傳統的「漢傳禪宗文獻」為教學與教材的重心，並期許其西方弟子能以弘傳漢傳禪法為使命。

綜觀聖嚴法師早期的禪修教學歷程，可以發現法師應該早在1985年左右，即已透過這些教學經驗的積累，逐漸在其心目中建構了一套適用於西方的「漢傳禪法的教學系統」。此一系統的建立，是走在北美宗教現代化歷程中，呈顯出既有傳統次第禪觀的基礎，同時又保有禪宗頓漸思想內涵，並以現代創新的教學手法，逐漸形塑出聖嚴法師個人禪修教法的特色。

目次

自序   3

第一章 緒論

第一節 研究緣起與目的   13
一、研究緣起   13
二、研究目的   15

第二節 研究範圍與方法   16
一、研究範圍與材料   16
二、研究方法與步驟   19

第二章 文獻探討

第一節 禪修師資的養成教育   23
一、現代禪修師資教育   23
二、傳統禪宗文獻中的禪修教學   27

第二節 北美早期的禪修師資與弘化   31
一、早期北美禪佛教的「美國禪師」   31
二、「美國禪師」養成背景與弘化特色   33

第三節	反思禪佛教的現代性與創新	36
	一、北美禪佛教發展的特色：在家眾管理與領導禪中心	36
	二、反思佛教的「現代性」與「創新」	38

第三章　聖嚴法師北美禪修教學背景

第一節	聖嚴法師禪修歷程對其教學的影響	43
	一、1949年以前的禪修歷程	45
	二、1949年以後的禪修體驗	50
	三、禪修經歷對聖嚴法師的影響	59
第二節	聖嚴法師在西方的禪修教學歷程	63
	一、聖嚴法師對北美禪佛教發展的體認	63
	二、聖嚴法師在北美的禪修教學歷程	70
第三節	聖嚴法師心目中的理想禪修師資人才	80
	一、理想的禪修師資內涵、作用與功能	80
	二、理想的禪修師資應具足的條件	82
	三、理想禪修師資的鍛鍊與轉化歷程	86

第四章　確立師資培訓課程之核心目標

第一節　理想禪師的鍛禪手冊：《禪門鍛鍊說》　93
一、《禪門鍛鍊說》的重要性與寫作背景　93
二、《禪門鍛鍊說》全文架構及內容重點　97

第二節　以學習祖師的「精神」為核心目標　103
一、立下核心的學習目標：學習祖師的「精神」　103
二、聖嚴法師的詮釋內容與特色　107
三、可成為一本嚴格而有用的「鍛禪計畫書」　118

第五章　從次第禪法至頓悟禪法的教學內容與架構

第一節　以傳統「次第禪觀」為基礎　123
一、開課緣起與文本演變　123
二、「次第禪觀」教學內容與特色　126

第二節　以漢傳禪法的「觀念與方法」為核心　139
一、「祖師」系列課程的目的與焦點　139
二、以禪師修證體驗與鍛禪手法為重心　141

| 第三節 | 建立一套具完整架構的「漢傳禪修師資培訓」教材教法 | 154 |

一、釐清「頓」與「漸」的內涵　154

二、建構出具個人特色的禪修教法基本理論與修行內容　159

第六章　結論

第一節　研究結果　167

一、以《禪門鍛鍊說》為禪修師資涵養的主要參考藍本　167

二、建立「漢傳禪修師資培訓課程」的教學架構　170

第二節　研究討論　172

一、是建立一套「漢傳禪法教學系統」的關鍵期　172

二、建構漢傳佛教藍圖　174

三、在傳統與非傳統之間尋求平衡　175

第三節　研究限制與未來研究方向　177

一、研究限制　177

二、未來研究方向　178

三、小結　180

參考文獻 185

附錄

附錄1：聖嚴法師早期禪修教學之「師資培訓課程」列表（1981—1985） 195

附錄2：第一代美國禪師簡介 201

附錄3：聖嚴法師早期禪修教學事蹟簡表（1976—1985） 209

附錄4：聖嚴法師「五停心觀」教學內容摘錄 218

附錄5：聖嚴法師「四念住」教學內容摘錄 225

附錄6：聖嚴法師白話講述「百丈懷海」的修證歷程 230

附錄7：「聖嚴法師數位典藏資料庫」檔案申請表（授權書） 238

表目錄

表4-1：《禪門鍛鍊說》內容整體架構表 99

第一章
緒論

第一節　研究緣起與目的

一、研究緣起

綜觀臺灣法鼓山創辦人聖嚴法師（1930－2009）一生，可以發現「推動佛教教育、培養佛教人才、復興與弘揚漢傳佛教」，實為其生命中非常重要的使命與實踐方向。在臺灣方面，不僅創辦了「中華佛學研究所」以培養佛教高等教育僧俗人才、建立僧團並創辦「僧伽大學」以培養僧眾人才，於臺灣北部金山開創的道場更以「世界佛教教育園區」為名，將之定位為「教育、接納與涵容世界各源流的佛教人才」。這些生命踐履，已多為教界所公認，並在學術界亦有質量不少的相關研究著述。❶

聖嚴法師留日取得博士學位後，在因緣際會下於

1975年12月遠赴美國,開始漸漸朝向成為一位國際級「禪師」的生命歷程,每三個月即往返臺、美兩地奔波,而當法師不在美國期間,西方弟子扮演了非常重要的弘化角色。然而筆者發現,關於聖嚴法師在西方的禪修教學,以及與西方弟子間的互動歷程與事蹟等的相關研究,至今為止較為少見。尤其是聖嚴法師在美國對於「禪修人才」,特別是針對弘揚「漢傳禪法」西方師資人才的養成教育與培訓課程之研究,更是一片尚待開發的研究領域。

從早期的《禪》雜誌（Chan Magazine）、《禪通訊》（Chan Newsletter）的「新聞」訊息中,的確可以看到聖嚴法師指示一些參加過培訓課程,並且得到他應允的西方弟子,於其不在美國期間代替他主持一些初階禪修課程、帶領短期二至三日的禪修活動,甚至是講授佛法與經典的課程。這些訊息一再顯示,有別於在臺灣以佛教高等教育佛學人才、僧眾人才的培養,聖嚴法師在美國更專注於禪修師資人才、特別是在家弟子的培育與弘化。

---

❶ 關於聖嚴法師對佛教教育、佛教人才的重視及其作為,參見釋常慧,《聖嚴法師佛教教育理念與實踐》之第一、二章,臺北:法鼓文化,2004年。

由於筆者曾到美國弘化一年，有幸翻閱一批聖嚴法師早期親自為西方弟子授課的「師資培訓課程」第一手文本資料（音檔逐字稿）。在閱讀的過程中，內心非常好奇：何以聖嚴法師在「西方」，卻運用非常「東方」且「傳統」的禪宗文獻資料作為其師資培訓課程的主要教材？同時，更在美國高等學府數次演講中，主題多聚焦於：如何成為「禪師」相關的內容，例如：「如何成為一位禪師」、「領眾禪修的條件與方法」、「揀別與對治禪眾禪修的狀態與方法」等等。在諸多好奇引發下，讓筆者對聖嚴法師的這些教學內容與訓練方向及要求，深感具有探究與討論的研究價值。

　　承上所述，本書將聚焦在聖嚴法師早期在美國的「師資培訓課程」第一手文本的分析，以期呈現聖嚴法師在對西方弟子成為禪修師資的養成教育中，培訓課程的內容與特色。至於教學對象及其教學效果等方面，則非本書研究的重點，並寄望於未來可能的研究因緣。

二、研究目的

　　綜上所述，本研究的目的，首先從聖嚴法師親自敘述的禪修經歷與體驗的文字中，梳理出這些禪修歷程中，對其在美國的禪修帶領與禪修師資教學課程，帶來

了哪些重要的影響？而其心目中理想的禪修師資人才應具備哪些重要的內涵與條件？

其次，藉由篩選與整理這批「師資培訓課程」的內容，是否可以從中更清晰地呈顯出聖嚴法師於此系列課程中，極具「漢傳禪佛教」的內涵與教學特色？

綜合聖嚴法師個人禪修經驗的時空背景，以及教學文本的梳理與分析，進而將此兩者放入當時整個北美佛教的禪修環境氛圍中，進一步探究聖嚴法師何以選擇非常傳統的漢傳禪宗文獻為主要的教材？在課程教學內容中，其是否也期許弟子未來能在美國弘揚漢傳禪佛教？從北美宗教走向「多元」與「現代」發展的趨勢來看，聖嚴法師這般看似走向漢傳「傳統」與「純粹」的禪修師資教學特色，也讓筆者進而反思宗教發展「現代性與創新」的實質意涵。

第二節　研究範圍與方法

一、研究範圍與材料

本書題目中的「早期」，是以聖嚴法師於 1976 年至美國弘化為起始點，以期較為完整地概覽法師所處的

時空背景。以 1985 年為研究範圍的終點，主要原因是本書重在討論聖嚴法師早期的「師資培訓課程」，此課程的對象是指與法師長期學習禪修、參加禪七、參與禪中心活動的「資深學生」，而非 1986 年以後開始傳法的「法子」❷。

另一方面，本書以可以查找到的實體文本資料為主，故以法鼓山文化中心授權、文史資料組所提供的資料：自 1981 年至 1985 年，標示為「師資培訓課程」的檔案文件為主要的研究文本。由於在檢視留存於「聖嚴法師數位典藏資料庫」中的這批文本後發現，雖然 1986 年後也有部分的培訓課程文本，但因這些課程內容多為介紹禪宗祖師的開悟詩偈，如：〈寶鏡三昧歌〉、〈永嘉證道歌〉等，這些主題在聖嚴法師未來的禪七期間，反而有更為詳細的解說，而且與禪修師資

---

❷ 關於「法子」的意義，聖嚴法師早在 1978 年〈禪的本質〉中即有說明：禪宗重視法統的傳承，一位弟子的禪修境界，需要經過師父的勘驗、印證後，才能證明弟子的體驗沒有偏離正法。將禪法由師徒代代傳繼下去，「以心傳心、心心相傳」，得到師父傳承其法脈之弟子，稱為「法子」。參見釋聖嚴，〈禪的本質〉，《學術論考》，《法鼓全集 2020 紀念版》，第 3 輯第 1 冊，臺北：法鼓文化，頁 65-68。
聖嚴法師自 1986 年後才開始傳法給受其印證的弟子，才賦予法派字號。本書並非指這類受到正式傳法的弟子，而是長期追隨聖嚴法師修學禪法、協助其推動東初禪寺弘化、指導初級禪法的資深西方弟子。

培育的連結性較不明顯。再者，此培訓課程於後期階段（1985年之後），開始對外開放予一般人皆可來聽課❸，漸漸演變為普通的演講開示性質，故筆者決定以1985年為此系列文本的研究截止點。

另外，與研究主題相關的幾篇文本，即聖嚴法師於1990年、1991年、1993年的對外演講中，講述「禪師與禪堂、如何養成一位禪師、禪師的條件」等內容，筆者在得到「聖嚴法師數位典藏資料庫」的授權後，同時將這些中文逐字稿參照英譯刊登稿比對、刪修整理後，亦納入本書所引用或參考的資料。以上文本資料，依年度、開示日期、主題、分類－編碼、篇數統計等，整理成資料列表，置於本書附錄中，名為〈附錄1：聖嚴法師早期禪修教學之「師資培訓課程」列表（1981－1985）〉（下文皆略稱為「附錄1」），以作為各章節引用、參照、分析、論述等的第一手文本資料來源。

---

❸ 此「師資培訓課程」一開始設定為固定的對象：有兩次禪七經驗、被聖嚴法師允許的資深學生。但在1986年的《禪通訊》記錄中，就變成開放給所有有興趣的人都可以來聽課了。相關事蹟記錄，可參考筆者〈附錄3：聖嚴法師早期禪修教學事蹟簡表（1976-1985）〉所整理的相關說明。

二、研究方法與步驟

本書主要運用文獻分析法，首先透過中、英文第一手及第二、三手等的相關文獻，梳理聖嚴法師的「禪修歷程與體驗」，以及鋪陳法師對理想禪修師資應具備的條件等相關的內容。

其次，本書重點在將聖嚴法師早期「師資培訓課程」的口語化文本資料，篩選與整理成較具「完整文脈結構」❹的文本，並經過解讀、分類與統計後，整理成「附錄 1」，以作為本書引用、參考與詮釋之用。

關於這批第一手的文本資料，筆者採用游美惠對「文本分析法」的觀點，傾向於對文本的「意義詮釋與解析」，盡可能連結文本背後所處的北美佛教社會現象、禪修教學情境，並進一步探討兩者之間所產生的關聯性、相互影響性與互動性。❺

---

❹ 所謂「完整文脈結構」系指：有完整的錄音檔（即該堂課程從開始至結束皆錄音成功，沒有中斷或音質不佳者）、依完整錄音檔整理出來的逐字稿，內容上沒有太多非關主題的打岔型或聊天式無結構的內容。所引逐字稿中，至少能有一個可以參考的主題陳述，例如說明該祖師修證的三個層次、觀丹田的兩種方法等。

❺ 游美惠，〈內容分析、文本分析與論述分析在社會研究的運用〉，《調查研究──方法與運用》第 8 期（臺北：中央研究院人文社會科學研究中心調查研究專題中心，2000 年 8 月），頁 55。2022 年 12 月 12

本書以聖嚴法師在美國的「師資培訓課程」所留下來的音檔資料，經過筆者篩選出適用的檔案後（「適用」是指錄音品質良好，沒有中斷或無法辨識正確內容的音檔），根據音檔整理成逐字稿的「文本」底稿（約八十筆底本）。首先，經過將這些「文本」底稿的贅字或口語文字刪除後，再進行分行、分段、羅列綱要的步驟後，整理成筆者的「個人閱讀筆記稿」，並依這些筆記稿作簡單的文本數量統計（約四十九筆文本）與「分類－編碼」，整理成「附錄1」之列表。其次，以「附錄1」之編碼，再從這些「閱讀筆記稿」中抽取重要的、可參照與引用的文本內容，整理出「附錄4」、「附錄5」、「附錄6」以及「附錄7」之教學內容摘錄，以作為本書內容引用與參考的資料來源。

　　筆者透過以上研究步驟，冀期能從文本中整理出聖嚴法師早期「師資培訓課程」之重點內容，以及透過法師在不同時期採用不同的教材與講授方式，進一步分析其早期禪修教學特色。最後，再將這些內容特色，放入法師當時所處的西方時空環境背景下一一檢視，試圖探

日搜尋之電子全文：https://www.rchss.sinica.edu.tw/SRMA/app/paper.php?action=show_content&Sn=120。

究、分析、詮釋聖嚴法師禪修教學過程中,是否呈顯出其核心不變的教學理念,同時又能隨著因緣環境而作出調整與創新,進而能呈顯出這些「文本之間的內在指涉關係」。

第二章
文獻探討

第一節　禪修師資的養成教育

一、現代禪修師資教育

（一）現代禪修師資教育之研究

在諸多與佛教教育與人才培養相關的研究論著中，可以發現大多偏重於討論要有計畫、有系統地培養佛教的「弘法人才」，也常以實踐釋迦牟尼佛的身教、言教為終極目標。❶另外，針對現代學校學制中，關注佛法與「生命教育」結合的師資人才培育，亦成為現代

---

❶ 相關研究，以曉雲法師於華梵大學長期舉辦的「國際佛教教育研討會」為大宗。從其歷屆所提出的論文發表主題，可以發現幾乎都是在討論：傳統佛教師資在佛法義理、儀範、藝術等各知識面的涵養為主。在早期的研究方向上，甚少看到以禪修師資人才養成為議題的論述篇章。參見華梵佛學研究所國際佛教教育研討會編印，《佛教教育研討會十屆特刊》之〈歷屆發表論文篇名索引〉，新北：華梵大學，1999 年，頁 177-194。

佛教教育研究論述的新興主題。❷前者是佛教界傳統的佛法、佛學師資教育，傾向於知識傳授面的探討，後者則是開始重視靈性或心靈、精神層面的探索與昇華，提出需要培養因應現代社會所需要的「生命教育」師資人才。

　　從以上眾多臺灣佛教教育與人才的研究成果中，筆者發現以「禪修師資人才養成」為議題的論述篇章並不多見。其中，陳錫琦的〈佛教禪宗生命教育之研究——以六祖壇經為對象〉一文，有略為提及幾項「佛教禪宗的師資」應具備的專業素養，包含了禪宗所重視的必須經過禪宗指導老師的「印證」、「認可」與「傳承」歷程，他才能「善識學生的根性」予以教導、了解學生目前的學習狀況、「善知法要」以開導學生、盡心盡力為學生解惑等等。❸這些視角的確可以作為本書研究的參

---

❷ 較早可見於《第十二屆國際佛教教育文化研討會專輯》中，陳錫琦，〈佛教禪宗生命教育之研究——以六祖壇經為對象〉、高柏園，〈論佛教生命教育的根本精神與現代意義〉，新北：華梵大學，2002 年，頁 109-137、206-211。若在學術搜尋網站，輸入「生命教育 & 佛學 / 佛教 / 佛法」，即會出現數十筆的期刊論文、碩博士論文、會議論文等豐富的研究資料。

❸ 陳氏透過七個層面分析《六祖大師法寶壇經》中有關生命教育的內容，分別為：教育理念、教育目標、教育內容、教育方法、教師專業素養、學習態度及教學評量等。陳錫琦，〈佛教禪宗生命教育之研究——以六祖壇經為對象〉，頁 113-127。

考，然而，陳氏研究目的在藉由《六祖壇經》的內容，以涵養成為「經師」與「人師」兼具的「生命教育」師資人才，但是否能達到或等同於禪宗內部所欲培養的師資內涵，應還有許多值得探討與省思的空間。

（二）聖嚴法師禪修師資培育

作為兼具「禪師」與「法師」身分的聖嚴法師，學者對其之研究議題也呈現出非常多元化的現象。在法師的禪修教學事蹟研究方面，李玉珍運用了質性研究的訪談、個案、田野等面向，確實勾勒出聖嚴法師在美國及國際間推廣漢傳禪法的諸種作為，並提出法師的禪法具有全球化、在地化、現代化的特色，尤其是在傳法予不同國籍的法子上具有「開放的法脈觀」。❹然而，對「在地化」的禪修師資培養與西方弟子代理法師在美國道場弘化一事，則尚未見有新的研究發現。

---

❹ 參見李玉珍，〈聖嚴法子繼程——馬佛與臺佛締結華人佛教圈〉，《臺灣宗教研究》第 15 卷第 2 期（新北：臺灣宗教研究學會，2016 年），頁 5-25。電子全文：https://www.airitilibrary.com/Publication/alDetailedMesh?。〈語境傳承——聖嚴法師的文字化禪修〉，《聖嚴研究》第七輯，臺北：法鼓文化，2016 年，頁 53-90。
〈跨地同坐一門禪修——聖嚴法師的國際弘法〉，《聖嚴研究》第九輯，臺北：法鼓文化，2017 年，頁 305-341。

釋常諗則以女性主義的觀點，針對「當代女禪師的培養與弘化」主題，透過文獻與訪談等方法，提出聖嚴法師對禪修師資的培養，呈現出男女二眾同步培養的平等胸襟。唯其主要研究對象為法鼓山的出家僧眾，而非在家徒眾。另一方面，從禪修師資培訓的課程中，可看到晚期的培訓課程已經非常完善與系統化❺，但授課者多為法鼓山內部資深的禪修法師，由聖嚴法師親自教授的課程非常少，僅在一些密集培訓課程中作一、二次原則性的開示講話，相較於法師早期對西方弟子的禪修師資培訓課程，皆為其親自授課、應當下西方弟子的身心需求而靈活調整課程內容的現象非常不同。這些在地化與差異性等也是筆者所欲進一步關注與探討的方向。

　　俞永峰於〈聖嚴法師與禪宗之現代化建構〉一文中，開宗明義點出「聖嚴法師所教的現代化禪法」，其實「包含了他教導西方學生的親身經驗」。也提出了聖嚴法師透過編著《禪門驪珠集》，顯示出法師在「實驗期」的禪修教學中，即已提出「禪的修行並沒有固定不變的教法或途徑」的實例，並於週三的「禪坐特別班」

---

❺ 釋常諗，〈當代女禪師的培養與弘化——以法鼓山僧團的比丘尼為例〉，《聖嚴研究》第五輯，臺北：法鼓文化，2014 年，頁 465-467。

介紹了各種禪法及觀法等等。❻這些觀點，是值得再更細緻地去梳理與論述：除了從教導話頭與默照方法，以及禪修次第化教學上，可以看到聖嚴法師的禪法是「傳統」而又「非傳統」的特色之外，是否還能在「師資培訓課程」的教學內容中，進一步凸顯法師「保留了禪的涵融性與適應性」，卻又「未失去其直指人心、頓悟法門的特色」（傳統），同時又能應西方師資的特質，靈活應用各種教學方法與善巧詮釋的風格（非傳統）？

二、傳統禪宗文獻中的禪修教學

（一）早期禪宗文獻中的在家弟子之禪修實踐與弘化

相較於「現代」漢傳禪修師資人才養成教育研究成果的稀疏現象，日本學者反而藉由新文獻的不斷出現，提出了不少對「早期」禪宗內部，特別是男女在家弟子追隨禪師參禪、證悟、弘化等事蹟的研究新發現。

---

❻ 以上所引內文，參見俞永峰，〈聖嚴法師與禪宗之現代化建構〉，中譯本收錄於《中華佛學研究所三十週年專刊》，新北：中華佛學研究所，2010年，頁139、148、153。2023年6月30日搜尋之電子全文：http://www.chibs.edu.tw/ch_html/CHIBS30/pdf/images/139_176.pdf。
英文原文為：Yu, Jimmy, *A Tentative Exploration into the Development of Master Sheng Yen's Chan Teachings*, Chung-Hwa Buddhist Journal no.23, 2010, p.3-38。2023年6月3日搜尋之英文全文電子檔：https://buddhism.lib.ntu.edu.tw/FULLTEXT/JR-BJ001/bj001377333.pdf。

伊吹敦透過〈侯莫陳大師壽塔銘〉、〈頓悟眞宗金剛般若修行達彼岸法門要訣〉，以及各種石刻資料與《全唐文》中，篩揀出二十七篇唐代墓誌銘，且與在家弟子禪修事蹟密切相關之文獻資料，整理成一總表。依據伊吹敦統計結果，得知早在初唐北宗全盛時期，已有不少的男女在家弟子追隨神秀、普寂等禪師參禪數年至十數年不等的紀錄。同時更指出他們在平日生活中或於山林中禪修，並且大多有所體證，甚至見性開悟，有些更得到禪師的印可、被咐囑弘化一方、領眾禪修，甚至指導僧尼修禪等事蹟。❼

　　〈東山法門的修行生活以及禪觀的意義〉這篇文章亦提及：東山法門所實踐的禪觀具體的內容──入門、觀法、開悟、印可。其中「觀法」的內容非常豐富而詳細，提到「禪修指導者」爲了能在同一時間指導多人，

---

❼ 參考日本學者伊吹敦的數篇論文：
(1)〈『頓悟眞宗金剛般若修行達彼岸法門要訣』と荷沢神会〉，收錄於三崎良周編，《日本・中国　仏教思想とその展開》，東京：山喜房佛書林，1992 年，頁 300-306。
(2) 王徵譯，〈墓誌銘所見之初期禪宗〉，《宗教研究》，北京：中國人民大學佛教與宗教學理論研究所，2010 年，頁 191-225。2023 年 9 月 28 日搜尋自：https://researchmap.jp/read0049396/published_papers?limit=50&start=1。
本篇日文原文：〈墓誌銘に見る初期の禅宗〉（上），《東洋学研究》卷 45（東京：東洋大學東洋學研究所，2008 年），頁 288-302。

而採用第一類的觀呼吸兼念佛的方法,而且這個方法「非常有效果,屢次被採用」。相較之下,第二類實踐「空觀」直達開悟的方法,則對初學者而言,「缺少頭緒難以實踐」。❽

這些學者的研究內容、方法與發現,不斷觸發筆者在看待聖嚴法師的禪修教學、師資培訓課程時,能以更多且更全貌的視角來看待所研究的文本中,其意義的詮釋與解析的深廣度,特別是禪師對於在家弟子的指導與允許弘化一方,可以從中發現文本之間,所可能指涉的群體社會環境的關聯性等。❾

(二)禪宗文獻中師徒互動之詮釋

聖嚴法師「師資培訓課程」所引用的教材,有很大的部分是禪宗傳統文獻中,祖師的修證事蹟、與其弟子

---

❽ 伊吹敦,〈東山法門的修行生活以及禪觀的意義〉,《佛教禪坐傳統研討會論文集》,臺北:法鼓文化,2012 年,頁 189。本論文亦提及:普寂等禪師門下有很多得到「印可」的在家弟子。「在此之前,早有慧安和神秀門下的侯莫陳琰、陳楚章等在家眾得到老師的印可,也指導出家的僧尼。」見頁 175-176。

❾ 黃庭碩在評述伊吹敦的新著《中國禪思想史》時,即提及作者的「初期禪宗研究帶有同類著作少見到的社會史關懷⋯⋯其思想討論往往具有相應的社會性基底,與純思想、哲學式辨析頗異其趣。」參見黃庭碩,〈書評〉,《漢學研究》第 40 卷第 4 期(臺北:漢學研究中心,2022 年 12 月),頁 336。

互動或禪法開示的內容。要以怎樣的角度來看待聖嚴法師這些教學與詮釋特色，是本著作的重點內容。許多學者在研究禪宗祖師，特別是在師徒互動與悟入契機等相關的議題上，大多關注在言語、文字所表詮的意涵，近期則開始在「非語言」的行為表現上，進行更多面向與深廣的研究。❿這些研究成果，的確可以用來對照聖嚴法師個人的教學風格，是否與祖師們在教化弟子上有顯著的差異？

　　相較於華人的研究角度與成果，西方學者對於禪宗師徒互動的研究，John R. McRae 在〈中國禪宗「機緣問答」的先例〉一文中，就以「社會性」、「文學技巧」、「禪師的思維方式」，以及當時的「禪風」等各種角度進行相關主題的討論。他提出禪門中「機緣問答」的出現，可能與早期禪宗的八大特徵相關，例如：禪師的應機無礙、指事問義、社會向度的義理根據、逸事與問答的廣泛運用、覺悟經驗的敘事脈絡等。⓫雖然 John R. McRae 探討的是八世紀較為傳統的禪宗文本，

---

❿ 參見康莊，《禪宗非語言行為之語言研究》（上）之〈前言〉中非常詳盡地羅列「研究現狀」，新北：花木蘭文化，2015 年，頁 5-10。

⓫ 參見 John R. McRae 撰，劉梁劍譯，〈中國禪學「機緣問答」的先例〉，收於《中國禪學》第五卷（北京：中國社會科學出版社，2011 年 5 月），頁 175-192。

但對於筆者如何看待聖嚴法師在美國佛教社會環境中，對西方弟子教學時所呈現出的特色，確實具有一定的啟發性，也提供了對文本詮釋與討論上可供參照的方向。特別是面對同樣的文本，放在不同時空環境下的解讀與運用上，是否有其內在不變的精神內涵，以及因應時空轉變下現代創新的應用？

第二節　北美早期的禪修師資與弘化

一、早期北美禪佛教的「美國禪師」

關於七〇年代末至八〇年代之北美佛教環境的研究，對美國佛教研究有超過三十年經驗的學者李四龍特別指出：當時全美各地已有超過上百個禪中心、更有不少美國居士禪師教授不同傳承的禪法，已然形成以「禪」為主流的佛教發展態勢，甚至正朝向「美國化的禪」的方向演變。

美國籍禪師所創辦的禪中心大量出現，不僅讓美國禪佛教的發展，開始從二戰前以鈴木大拙為主流的態勢中轉向另一種學習趨勢，例如：日本的道元禪，或是韓國、越南、中國、臺灣等純粹源自中國禪宗的禪修教

法。發展過程中，這些美國禪師經過不斷地調整，逐漸演變為適合美國當地文化習慣與思考模式的「美國化」的禪風。❷因此，本書特聚焦於此「禪佛教」發展現象──特別是以美國漢傳的「禪」為主要考察的對象，不旁及其他禪修傳統（如南傳次第禪、內觀或正念禪等）。

聖嚴法師抵美十年後，曾引用韓國禪師金三友於1986年所編的《北美的禪佛教》（*Zen Buddhism in North America*），說明法師當時所處的環境中，同時有將近一百七十五所的禪修道場或團體，也羅列出十二位被稱為各族裔「禪師級」的禪修師資，美、日裔各占四位，華裔僅西岸的度輪宣化法師、東岸的聖嚴法師本人，韓裔也僅列出崇山與金三友兩位禪師。❸足見日裔禪師、或有日本禪背景的美國禪師幾乎引領著當時的禪修風氣。

---

❷ 李四龍在研究中指出「『禪』在20世紀60年代的美國，迎來一個『黃金時代』，走出知識精英的小圈子，開始在社會上產生實踐的影響」。參見李四龍，《美國佛教──亞洲佛教在西方社會的傳播與轉型》，北京：人民出版社，2014年，頁147-158。

❸ 釋聖嚴，〈附錄四　牧牛與尋劍──新英格蘭禪化記行〉，《東西南北》，《法鼓全集2020紀念版》，第6輯第6冊，臺北：法鼓文化，頁395-399。此文寫於1987年6月16日美國紐約禪中心。

李四龍於《美國佛教》一書中特設專章介紹了十位「第一代美國禪師」，其中亦包含了聖嚴法師所介紹的四位歐裔美籍禪師。此專文參考與引用了不少英文原文的相關專著，也有一些是作者親自參觀與訪問美國各禪中心的資料，可說是相當詳實地介紹了這十位具代表性的「第一代」美國禪師級人物的事蹟與禪風，其中八位歐裔美籍禪師，大多是以在家身弘傳禪法。❹因此，筆者依其文，整理成〈附錄2：第一代美國禪師簡介〉，從中可以認識與理解這些禪師的養成背景、教學及弘化特色。

二、「美國禪師」養成背景與弘化特色

　　李四龍所羅列的十位美國禪師中，其中應也包含了聖嚴法師認定為「稱『先生』而非老師級的禪者」❺，僅只是愛好與研究禪學、禪法，或有相關著作，且對於

---

❹ 李四龍，《美國佛教——亞洲佛教在西方社會的傳播與轉型》，頁147-158。
❺ 釋聖嚴，〈附錄四　牧牛與尋劍——新英格蘭禪化記行〉，《東西南北》，頁399。例如李四龍所介紹的第一位：沃斯（Alan Watts）即非指導禪修者，只是撰寫一些與禪相關的著作，卻成為當時美國青年認識與學習禪法的重要參考書籍，特別是《禪道》系列、《披頭禪、方塊禪和禪》、《禪與披頭之路》等系列。可參見筆者整理的「附錄2」相關內容。

吸引美國青年認識禪法具有影響力者。即便是法師所列的十二位禪師,在法師當時看來,他們雖然幾乎源自日本禪的嚴格訓練,但「尚無統一的組織,亦未形成領導的中心」。❻李四龍所羅列的十位美國禪師背景,的確大多也如聖嚴法師所言,從最早受到鈴木大拙的臨濟禪的影響,到後來的跟隨中川宗淵、安谷白雲、原田祖岳等結合臨濟與曹洞而成立的「三寶教團」或「新禪宗」,以及其他如千崎如幻、前角博雄、鈴木俊隆、嶋野榮道、遲參等禪師學習日本禪法。❼

這些禪師一開始是因為熱愛禪修、想要親身體驗禪的修行而到日本,依止以上所舉之臨濟或曹洞傳承的日本禪師座下多年,學習所有日本傳統寺院的殿堂儀軌、生活方式、禪坐規矩與方法等。最後,則有將近半數以上走向依止禪師出家、過著傳統寺院生活的出家僧侶。基本上,他們都是在得到日本禪師的印可,以及應允可以對外弘化教禪後,即以得到傳法之「禪師」身分回到美國開創「禪中心」,延續其師承傳統的禪法教學,或逐漸融合與改變禪修教法的內容與禪堂運作的模式。有

---

❻ 本段內容,引自釋聖嚴,〈附錄四 牧牛與尋劍──新英格蘭禪化記行〉,《東西南北》,頁399。
❼ 參見「附錄2」相關內容。

些禪師則會在創立「禪中心」十數年後，脫離原來的教團自立門戶，開展出具個人風格特色、適合美國人的現代化接引模式的禪中心。

聖嚴法師寫於1984年的專文，曾詳細敘述菲力浦‧凱普樓禪師（Philip Kapleau，1912－2004，以下簡稱凱普樓禪師）一些學禪、成立禪中心等的事蹟，他的「羅契斯特禪中心」在一開始是完全模仿日本式的道場空間規畫、朝暮課誦內容、禪修儀式及禪修方法等，非常具有日式禪風的特色。於禪中心的十數位西方弟子，在傳統的修行儀式之外，依然過著如同一般現代人的生活作息、工作內容，道場內幾乎清一色皆是由西方在家信眾打理所有的庶務。[18]然而，凱普樓禪師卻數年後（八〇年代後期），漸漸把原來的日本禪師衣著，改為著西式的服裝、另取西文的法名，並將禪修儀軌簡化、課誦英語化等，極盡可能的淡化日本文化色彩，用以接引現代的西方青年學習其禪法，漸漸發展出更具有「美國文化」的禪修中心。[19]

---

[18] 相關細節內容，參見釋聖嚴，〈附錄三　他山之石──羅契斯特禪中心訪問記〉，《東西南北》，頁368-391。聖嚴法師此篇寫於1984年參訪禪中心的詳實記錄，留下了當時美國禪師在美國經營禪堂、帶領禪修、弟子們關心的議題等珍貴的歷史足跡，極具參考價值。

受到印可與弘化一方的美國禪師，其後代傳承弟子亦大多依循日本傳統的師徒制，專心跟隨一位禪師學習禪法。這些修行多年的西方學生不但獲得禪師正式的印可與傳法，同時允許其在禪中心教授禪法。當住持師父因年長體衰退休，會指定其中一位資深的傳法弟子接任住持與管理禪中心所有弘化、教禪的工作。

第三節　反思禪佛教的現代性與創新

一、北美禪佛教發展的特色：在家眾管理與領導禪中心

承上所言，美國禪師所創立的禪中心，大多以在家身、或有家眷、或為單身的方式弘揚禪法、教授與傳法予西方弟子，如是代代相承以延續禪中心的運作。北美禪佛教發展的過程中，早期以日本僧侶為精神象徵的傳統權威態勢，於六〇年代以後已經漸漸在改變中，大多

---

❾ 如原田祖岳、安谷白雲、中川宗淵一系新創的「三寶教團」，即結合了臨濟與曹洞的禪法，兼修公案與只管打坐的方法。在菲力浦・凱普樓禪師得到傳法後，回到美國的十數年間，在歐美各地開闢了超過十幾家以上的「禪中心」分支道場，以「新禪宗」姿態弘傳此一新禪風，追尋者眾。參見「附錄 2」相關內容。

數禪中心的運作,是順應著美國民族性中強調民主、個人自由、直接與神聖經驗接觸等的特性,開始走向由當地美國人,且是以在家眾為主的經營模式。

誠如李四龍所言「禪在美國的本土化,最終依賴於歐裔美國禪師,而不是亞裔禪師」,更由於「美國佛教的民主化」,也致使「傳統的僧俗體制漸漸淡化」,在美國禪佛教的發展過程中,在家眾幾乎已占了主導的地位。[20]

面對北美當時超過一百多所的禪中心、愈來愈多的在家禪師,以及漸漸美國化、現代而多元的禪風,中國禪佛教卻仍然處在鮮為人知、弘傳人數不多的「萌芽」階段[21],聖嚴法師如何在這樣的環境中,選擇自身的角色定位?是否也會效仿美國禪師們的現代化、美國化的方向弘傳漢傳的禪法?

---

[20] 李四龍,《美國佛教——亞洲佛教在西方社會的傳播與轉型》,頁147、166-167。

[21] 當時聖嚴法師所見的美國禪佛教界,雖然已有九十一所華人所創的團體,|然其能為北美禪佛教界所共知公認的,則少之又少,而今日北美人士所求佛法的實踐者,正如眾所周知,是以日本系統的禪及西藏系統的密為重點。……尤其中國禪者之到北美傳授禪法,尚在起步階段……禪佛教在北美地區,雖已大眾皆知,仍是絕少數人的修行方法,更是中國佛教傳入西方社會的萌芽時代。」參見釋聖嚴,〈附錄四 牧牛與尋劍——新英格蘭禪化記行〉,《東西南北》,頁394-395、400。

聖嚴法師雖自認為是「較少參與禪佛教各類大型活動❷，與這些美國禪師少有互動往來」，然而，法師在美國的禪修教學歷程，確實也設立了由西方在家弟子協助打理的「禪中心」（即「東初禪寺」，但在美國較常使用的是「禪中心」Chan Meditation Center 這名稱，簡稱 CMC），更常接待來自不同源流的「禪中心」相關人士的參訪與交流。值得思考的是：其「禪中心」（CMC）與這些不同源流的禪中心，在禪修教學、接眾手法、法脈傳承上是否有其獨特而堅持的部分？（例如選擇用「Chan」而不用「Zen」）尤其在禪修師資教學內容與目標上，是否有別於日本傳承的臨濟、曹洞禪？這些也是本書所欲探討與論述的重點。

二、反思佛教的「現代性」與「創新」

不論是王宣曆提出聖嚴法師所提煉出的融合性禪觀次第「具有現代禪法教學之新義」❷；或是林建德所認

---

❷ 聖嚴法師曾自述：「我的性格不善應酬，不能適應禪佛教界的互相訪問，甚至謝絕其他禪中心邀請我出席全國性的會議及區域性的集體活動。」參見釋聖嚴，〈附錄四 牧牛與尋劍——新英格蘭禪化記行〉，《東西南北》，頁 394。

❷ 王宣曆，〈聖嚴思想融合之歷史根源與特色〉，《臺大佛學研究》第 34 期（臺北：臺灣大學文學院佛學研究中心，2017 年 12 月），頁 98。

為的聖嚴法師是「一直對中國佛教傳統作創造性及正面性的轉化」❷；或是俞永峰之認為聖嚴法師將禪法建構為一種佛教教育的形式，不但具有現代性，也與禪宗之適應性與包容性的特質相呼應。❷ 筆者發現，以上學者在研究聖嚴法師各個面向的思想與實踐時，幾乎都傾向於一個共識：聖嚴法師一生的諸種作為，是具有「不離漢傳佛教『傳統』之下的『現代化』與『創新』的特質」。

鄧偉仁曾提醒：在對宗教發展的研究過程中，應盡可能避免「不假思索」地就運用「現代化」、「融合」，或者是「創新」這類用詞。❷ 鄧偉仁在〈傳統與創新──聖嚴法師以天台思想建構「漢傳禪佛教」的特色與意涵〉的梳理與闡述中，提出了聖嚴法師所建構的漢傳禪佛教藍圖，並非全然以「現代性」❷ 為主的。同

---

❷ 林建德，〈印順及聖嚴「如來藏」觀點之對比考察〉，《臺大中文學報》第40期（臺北：國立臺灣大學中國文學系，2013年3月），頁297。
❷ 俞永峰，〈聖嚴法師與禪宗之現代化建構〉，頁150-153。
❷ 鄧偉仁，〈傳統與創新──聖嚴法師以天台思想建構「漢傳禪佛教」的特色與意涵〉，《聖嚴研究》第八輯，臺北：法鼓文化，2016年，頁136。
❷ 關於「現代性」一詞，Paul David Numrich 在簡介北美佛教歷史時，首先引用文化研究學者 Stuart Hall (1996:8) 的解釋：「認為現代社會的出現是以一個新的知識和認知世界的誕生為標誌，它隨著始於十六世紀初的宗教改革、十七世紀的文藝復興與科學革命，以及十八世紀的啟蒙運動逐漸出現。」Paul David Numrich 也指出：「其他學者則從1492年發現

時點明：聖嚴法師結合了天台教觀為基礎所弘揚的禪佛教內涵，恰恰是對鈴木大拙提出的「永恆哲學」式地強調經驗、忽略教義的批判㉘。由是，鄧偉仁較傾向於以具「非現代性」的特色來看待聖嚴法師所弘傳的漢傳禪法。

相較於以上學者們對聖嚴法師禪法特色的整體論述，筆者不禁反思：是否也可以將時空更往前推移，回溯至聖嚴法師最早期的禪修教學歷程，以及歷經數年的師資培訓系列課程等，作為思考聖嚴法師晚近禪法特色之源頭？尤其當年尚未整理出天台《教觀綱宗》的聖嚴法師，面對諸多幾乎清一色為日本傳統禪法背景的美國

『新世界』以及隨後的歐洲全球探索和政治、經濟和文化統治開始了現代時代。因此，現代性和今天被美國與加拿大的北美社會的歷史，其實從一開始就重合了。當佛教在十九世紀抵達北美時，它從一個現代化的大陸來到另一個現代化的大陸，啟動了一個現代化的迴圈，一直持續到今天。」
本研究即以 Paul David Numrich 所解釋的「現代性」為論文內所指涉的「現代性」內涵。以上引文譯自：Paul David Numrich, "7 The North American Buddhist Experience", David L. McMahan edit., *Buddhism in the modern world.* London: Routledge, 2012, p.138。

㉘ 依鄧偉仁所引學者對「永恆哲學」理論內容為：認為宗教的核心是宗教經驗（特別是「神祕經驗」），而宗教經驗的內容是不經由文化語言的媒介而直接發生的，因此各個宗教的表面差異性是由於文化的呈現模式及語言表述不同，但核心的宗教經驗卻是相通的。細節說明，參見鄧偉仁，〈傳統與創新——聖嚴法師以天台思想建構「漢傳禪佛教」的特色與意涵〉，頁 148-149。

禪師與禪中心，在其決定親授一群核心的西方弟子為禪修師資時，法師內心是否早已毫無懸念地、選擇了立足於漢傳禪宗傳統文獻為教法內容與精神內涵，甚至是立基於此才逐漸開展出具天台禪觀思想的教法特色？

誠如汲喆在介紹「多元宗教現代性」的內涵所言：作為「超越經典世俗化理論單一線性進化史觀」的工具，現代化的宗教所考察的重點，「不再是合理化個體主義對宗教虔信與實踐的影響，而是宗教在歷史、文化層面上『無形中』對現代化的建構作用」。也即是：「不是某種普遍的世俗化法則決定了宗教的現代命運，而是宗教的文化積澱本身，決定了世俗化的形式與方向。」㉙聖嚴法師一生秉持的立場：「以漢民族血統，弘揚具中華文化內涵的漢傳禪佛教」的自我定位，法師是否更具「主動性」地選擇了在美國推展漢傳禪法的方向與內涵？這些現象，是否也能符應汲喆以上的觀點，更是筆者需要深入省思與嘗試呈顯的部分。

㉙ 汲喆，〈如何超越經典世俗化理論？——評宗教社會學的三種後世俗化論述〉，《社會學研究》第四期（北京：中國社會科學院社會科學研究所，2008 年），頁 55-75。2023 年 10 月 4 日搜尋於：http://shxyj.ajcass.org/Magazine/show/?id=72395。

第三章
聖嚴法師北美禪修教學背景

第一節　聖嚴法師禪修歷程對其教學的影響

關於聖嚴法師的禪修歷程與體驗，從法師早期的自述性文章中，尤其是在美國禪七期間或幾場演講中所陳述的內容，更能鮮活地呈現當時的具體樣貌。因此，本章節主要依據 1990 年以前、聚焦在禪修經驗，且對每階段的禪修經歷提出其個人的體會與省思的兩篇文章：1982 年《佛心》中的〈自傳〉及 1989 年「現代中國禪林生活及我個人教授禪學的經驗」英文的自傳性文章❶。這兩篇文章，也是後來翻譯出版的《禪門第一

---

❶ 兩篇英文著述：第一篇為 1982 年出版的第一本英文書：*Getting the Buddha Mind*（本書最早的中文書名為《佛心》）一書中的〈自傳〉內容，但這篇〈自傳〉沒有中譯本，故本論文之後的章節中，引用此〈自傳〉內容時，多為筆者之重點摘錄與簡譯的文字。所引用的版本為：Master Sheng Yen, *Getting the Buddha Mind (2nd ed.)*, "Autobiography", New York, NY, US：Dharma Drum Publications, 1989, pp.23-35。

課》之〈第四章　修行〉❷，以及《如月印空——聖嚴法師默照禪講錄》的〈聖嚴法師自傳〉❸內容的主要參考與引用的來源。

這兩份重要的文獻雖相隔七年，但是，聖嚴法師對當時所處的中國禪宗寺院中，各種禪修狀況的描述，及其個人在禪修上的親身經歷是相呼應的。下文即是在統整兩篇文章的內容後，以1949年作為分界點，分為：1949年以前的大陸靜安佛學院時期、1949年以後到臺灣從軍時期、依止東初老和尚再度出家時期。

本章重點在探討這些禪修經歷與體驗，對於聖嚴法

第二篇為1989年11月10日在密西根大學的演講內容，這段內容曾刊登於1995年11月的《禪通訊》（*Chan Newsletter*）第110期，題名為：*Biography of a Chinese Monk*（*with Q & A*）。筆者向法鼓山「聖嚴法師數位典藏資料庫」申請了當時的音檔，檔名為〈現代中國禪林生活及我個人教授禪學的經驗〉，整理出聖嚴法師的中文逐字稿，用以對照英文刊登稿的內容。故，後文凡引此筆資料時，所列出處以英文已刊登稿為主，正文中則引用筆者依音檔之整理筆記。

❷ 釋聖嚴著，薛慧儀譯，〈第四章　修行〉，《禪門第一課》，臺北：法鼓文化，2007年，頁61-75。本書譯自：Master Sheng Yen, "Ch'an Training", in *Subtle Wisdom: Understanding Suffering, Cultivating Compassion Through Ch'an Buddhism*, New York, NY, US：Doubleday, 1999, pp.49-65。

❸ 釋聖嚴著，薛慧儀譯，〈聖嚴法師自傳〉，《如月印空——聖嚴法師默照禪講錄》，臺北：法鼓文化，2009年，頁13-19。本書譯自：Master Sheng Yen, "The autobiography of Master Sheng Yen", in *Illuminating Silence: The Practice of Chinese Zen*, London, England, UK: Watkins Publishing Limited, 2002, pp. xiv-xviii.

師至美國開始帶領西方弟子禪修的方式、禪修師資培訓課程教材的抉擇上,帶來了哪些關鍵性的影響?至於聖嚴法師在閉關修行,以及留日時期參加禪期、接受伴鐵牛禪師的教誡等,因為相關資料不夠完整,且多為他人轉述或故事性的文字敘述❹,故於此不列入討論範圍。

一、1949 年以前的禪修歷程

(一) 中國叢林的修行生活

1. 真正有人持續禪修的禪寺所剩無幾

聖嚴法師當時所處的時代,雖然有幾個非常有名的禪寺、叢林,可是在這些叢林中,真正設有名符其實的「禪堂」,而且是不斷有人持續修行的,據聖嚴法師當時所知,僅剩只有五、六個道場。例如:金山寺、高旻寺、天童寺、南華寺、雲門寺、焦山寺等。當時最負盛名的禪師,即是虛雲老和尚與來果老和尚。

2. 修行生活分成兩種方式:平常修與定期修

這些寺院、叢林的生活方式與規約也大致相同,聖

---

❹ 例如《枯木開花——聖嚴法師傳》、《雪中足跡——聖嚴法師自傳》由他人撰寫的聖嚴法師自傳中所記載,相關內容不多、較為故事性;另外,聖嚴法師對於在閉關時期,有關禪修方法與體驗等的敘述,亦著墨不多,故本論文對這兩個時期的禪修將省略而不述之,待他日有因緣再進一步處理。

嚴法師指出當時的修行生活可以分成兩種方式：平常修與定期修。所謂平常的修行，即是平常時間，有固定的早晚課、打坐，但有一半的時間是在生活上的職事、勞作。

另一種修行方式，就是定期的修行，稱為「禪期」，即一個期限內的修行，最少是七天，最長有三個月的時間。一般禪寺的方丈、首座可以主持七至二十一天或四十九天的禪期，而冬、夏兩季的三個月禪期，大多是邀請著名的禪師來主持。❺ 當時一進入禪期，即已被告知要有「色身交與常住，性命付託龍天」的心態，以全付的身心投入於禪堂中。尤其是長期密集、有著名的大禪師帶領的禪期。

（二）靜安佛學院時期的禪修經歷

1. 平日打坐的狀況：缺乏系統的禪修訓練

在靜安佛學院時期，平日亦有固定的禪坐，但聖嚴法師描述當時對修行的方法沒有很明確的概念，因此平時很難從禪坐中受益，也覺得可能要經歷多年後才有可能獲利。即便詢問已經打坐很久的資深學長怎麼修行，

---

❺ Sheng Yen, Biography of a Chinese Monk（with Q & A），p.1.

他們也只是說：「很簡單啊！就是坐在那裡直到你的腿不會痛為止就好了。」聖嚴法師當時就已覺得這樣是「很難從中獲得任何真正的力量」，也指出當時的中國叢林，禪法的修習已經走到「沒有系統」的景況了。❻

2. 定期禪期的狀況

(1) 沒人講規矩、沒人教方法

聖嚴法師形容在學期間參加禪期、第一次進入禪堂的狀況：

> 進入禪堂以後，從早到晚：吃飯、打坐、經行，然後再睡覺，沒有告訴你作什麼。我第一次進入禪堂，不知道怎麼打坐，我看了看大家，喔！這樣坐下來，我就坐下來；他們下座了，我就下座，沒有人講規矩。如果說有人教你的話，他是拿那個香板

---

❻ 可參見 *Getting the Buddha Mind*。原文：We meditated, but did not have a very clear idea of the correct method of practice. Thus it was difficult to gain any real strength from it. We supposed that it would take years to achieve benefits. p.25。
There were a few older students who had spent several years in meditation halls. When I asked them about practice they would say, "Oh, it's easy. Just sit there. Once your legs stop hurting it's fine." Sometimes a monk would be given a kung-an (koan) on which to meditate, but on the whole, there was no systematic meditation training. p.26.

打你。他要教你,不是用嘴巴教你,用香板打你,不告訴你錯了。❼

這樣的經驗,早在 1982 年的《佛心》自傳中,聖嚴法師即已提到當時的禪期是沒有人會給予任何指導的,就只是一直枯坐到聽到經行的訊號響起。❽

(2) 坐到驟年為止的盲修瞎練

因此,法師當時還請教了帶禪期的首座和尚,結果卻得到令人失望的回應:

> 有一次,我問這個首座,我說:這樣子坐下去,坐到什麼時候為止啊?他說坐到驟年為止。也就是說不要追問你的結果是什麼,就是坐下去就好。那個時候,我覺得很反感,我說這樣子的修行,是叫你盲修瞎練啦!就是自己瞎了眼睛在練,這有什麼用途?❾

---

❼ 整理節錄自〈現代中國禪林生活及我個人教授禪學的經驗〉,相對應的譯文參考:釋聖嚴著,薛慧儀譯,〈第四章　修行〉,《禪門第一課》,頁 64。

❽ Master Sheng Yen, *Getting the Buddha Mind*, p.26.

❾ 整理節錄自〈現代中國禪林生活及我個人教授禪學的經驗〉,相對應的譯文可參考:釋聖嚴著,薛慧儀譯,〈第四章　修行〉,《禪門第一課》,頁

不過，聖嚴法師亦表示：在當時的禪堂中大多是這樣的修行方式，也是有人修了十幾年、坐了幾十年下來，氣質還是會與一般人不同的，像虛雲老和尚，慢慢地修，到了五十幾歲終究是開悟了。

(3) 能見到方丈、小參的機會非常少

法師在打坐的時候也常在想：「現在我該做什麼？念佛嗎？還是該做些其他的？什麼才是真正的禪修？」這些疑問不斷被提起而形成一個大疑團，整個禪期結束了都沒有得到解決。❿ 因為，即便在那樣的情況下，法師表示當時的禪堂只有開示，沒有小參的機會可以詢問與解決禪修的問題。

當時所謂的小參，聖嚴法師解釋：是要坐到你「有特別的境界」、「自己的經驗」，或是「桶底脫落」了，方可請示小參。但要「先請班首來考驗你」，班首覺得可以見了，才可能進入方丈室內，見到主持禪期的「方丈」，或是指導禪期的「老師」，也因而能成為

64-65。

❿ 可參見 *Getting the Buddha Mind*。 原文：Sometimes, while sitting, I thought, "What should I be doing? Should I be reciting Buddha's name? Should I be doing something else? What really is meditation?" I kept asking myself these questions until I became a big ball of doubt. However, while at this seminary my doubts never got resolved. p.26。

「入室弟子」。⓫法師表示他曾請示過想見方丈,卻被班首阻攔下來了:

> 我呢?我從來沒有見過方丈。因為我曾經請示過,就是一個班首給我一個耳光。他說你要見方丈,鬼也可以見啦!⓬

因此,在大陸時期的禪期中,聖嚴法師從來沒有見過方丈或小參的,當然他那滿腹的疑問就只能放在心裡不斷醞釀著,一直帶到臺灣從軍時期。

二、1949年以後的禪修體驗

(一) 與靈源老和尚的相遇

1. 從軍時的身心狀況

(1) 每天打坐,內心仍充滿疑惑

因為政治與時局的影響,聖嚴法師以軍人的身分來到了臺灣。在《佛心》描述這段歷程時,法師說雖

⓫ 可參見 *Getting the Buddha Mind*。原文:We had a saying that one had to sit until "the bottom falls out of the barrel of pitch." Only then could he get to see the master. p.26。釋聖嚴著,薛慧儀譯,〈聖嚴法師自傳〉,《如月印空——聖嚴法師默照禪講錄》,頁15。
⓬ 整理節錄自〈現代中國禪林生活及我個人教授禪學的經驗〉。

換了身分成為軍人,仍維持著每天打坐的習慣。❸ 在二十八歲遇到靈源老和尚之前,法師敘述當時的身心狀態:

> 我的問題沒有解決,我始終都在想:修行就這樣子修嗎?佛法就是這個樣子的嗎?我為什麼不會修行呢?我什麼時候能夠遇到很大的方丈,或是禪師呢?我常常這麼想。❹

這些疑惑,只要在工作之餘、打坐時就會浮現出來。尤其在閱讀佛經時發現了不同教法內容之間的矛盾,令其無法理解,而且讀得愈深入,心中那股疑惑愈巨大、身心狀態愈糟糕。❺

(2) 充滿失落感、無助、業障重

從軍期間,每當遇到休假,聖嚴法師常到一些道場,與一起來到臺灣的法師們共處時,也常藉機詢問他們:究竟應該怎麼修行呢?得到的回應常常是:「我們

---

❸ Master Sheng Yen, *Getting the Buddha Mind*, p.27.
❹ 整理節錄自〈現代中國禪林生活及我個人教授禪學的經驗〉。
❺ Master Sheng Yen, *Getting the Buddha Mind*, p.27. 釋聖嚴著,薛慧儀譯,〈聖嚴法師自傳〉,《如月印空——聖嚴法師默照禪講錄》,頁 16。「

都是這樣修行過來的啊！你怎麼會有問題呢？」尤其在看到佛陀度比丘時，比丘們很快證得阿羅漢果位，或是讀到六祖惠能的開悟經歷等事蹟，法師心想：自己有這麼笨嗎？腦海裡怎麼會有這麼多問題呢？還特別去問了一些法門師友，得到的回覆與聽到後的心情卻是：

> 有人告訴我：你的業障重啊！你的根器差，所以你沒有辦法，你要好好的修行、要好好的懺悔、好好的拜佛。
> 唉！我真是業障重，所以沒有生到佛在世的時代，生到現在見不到佛的世代，也不知道什麼時候能夠證阿羅漢果？能夠開悟啊？[16]

從這些敘述的文字可以感受到，當時的聖嚴法師，不僅內心充滿了疑惑而無人可以解答，進而對自己的修行狀況感到無助、失落感，更是覺得業障深重。法師內心不斷在層層疊疊醞釀著對人生意義、修行方向等的疑惑，總是期待著有個禪師級的人物出現，能真正徹底解

---

[16] 整理節錄自〈現代中國禪林生活及我個人教授禪學的經驗〉。相對應內容：釋聖嚴著，薛慧儀譯，〈第四章　修行〉，《禪門第一課》，頁67-68。

答他所有的困惑。

2. 遇見靈源老和尚

關於遇見靈源老和尚、與和尚互動對話的過程，以及被「棒喝」後的身心狀態，各版本的譯著在陳述這段過程時，皆無法如1989年的原音檔內容生動而具臨場感般的描繪，故下文直接引用此音檔中，聖嚴法師親口描述的文字。❶

(1) 一口氣問了兩個小時的問題

1958年，二十八歲時❶，聖嚴法師到了高雄佛教堂拜訪月基法師，有機會與靈源老和尚同榻而臥兩晚。法師描述了當時的情境：

> 那一天晚上，我住在同一個房間裡，在同一個大的床鋪上。我見機會來了，我想這是一個虛雲老和尚的傳承人，是一個有名的禪師，我想我有一些問題可以問他。他是在那邊打坐，結果我問他，我

---

❶ 以下引文皆整理節錄自〈現代中國禪林生活及我個人教授禪學的經驗〉，故不再另外列出處。

❶ 關於何時遇見靈源老和尚一事，聖嚴法師在1989年密西根大學的演講是自述為二十八歲，而林其賢編著的《聖嚴法師年譜》則將此事收在1958年的二十九歲事例中。見本書，臺北：法鼓文化，2016年，頁118。本文依演講稿自敘的二十八歲。

說:「我可以請教你一些問題嗎?」他說:「可以,可以。」

我就問他問題了,我問了一個問題,他說:「還有嗎?」

我問了另外一個問題,他說:「還有嗎?」

我又問了另外一個問題,「還有嗎?」

我的問題很多,一共問了兩個小時。

(2) 在「楞住」的當下,大聲一拍床板 [19]

在連續兩個小時問問題後,聖嚴法師心裡開始動念:

兩個小時以後,我很懷疑了:奇怪!還不回答我

---

[19] 這段經歷,除了正文所引的對話,另外,聖嚴法師1991年10月18日在加拿大多倫多大學演講「如何養成一位禪師」時,也有特別講述這段歷程:提到對床板聲與話語一樣重要:「但是他這個打了一響,對我而言是非常重要的。而且他叫我『放下』這兩個字對我的力量相當相當大!……後來我看到他老人家睡覺了,我也躺下來睡覺,覺得很舒服。第二天再看這個世界,我看這個世界好像還是一樣,但是,雖然是一樣,對我而言這世界應該是變了。所謂變了是什麼?過去我有很多的問題,現在這些都不是問題。世界上的這些東西就是這樣的東西,就是在那邊,他是他,我是我,你是你,這個還是一樣,可是彼此之間沒有那麼多的疑問、或是喜歡、或不喜歡這些問題。」見「附錄1」分類-編碼為「訓練禪師T8」。

啊?

他又再問我:「你還有嗎?」

我就楞住了,我想:是不是還要問啦?

他看到我楞住了,楞住了!他就用很大的力,在那個床板上打下去,他說:「把你所有的一切擺下來啦!」

(3) 當下的身心反應

當床板聲響起,靈源老和尚的話語落下後,聖嚴法師陳述:

就這樣子,我的問題沒有了。然後,我再看一看這個世界好像變了。我的身體出了一身汗,但是心裡非常的輕鬆,非常的清醒。然後我覺得自己很好笑,為什麼要一直問那麼多的問題。

關於當下的身心反應,幾個版本的描述大多相近:發現當下所有的問題都不見了,感受到整個世界好像變了,身體雖出了一身汗,心裡卻很輕鬆、清醒,覺得自己是個可笑的人、那些問題也變得非常可笑。然後,兩人繼續打坐,沒有再說任何的話,聖嚴法師處在非常喜

樂的狀態，而且延續至第二天。❷

3. 體會到修行得力的兩個條件 ❷

聖嚴法師經歷了這個過程後，內心意識到修行必須具備兩個要點。首先是「因緣條件」的具足，有些因緣條件並非是個人所能掌握的，例如：個人自身的因果業報，以及他者的因緣、客觀的環境因素。想要在修行上取得很大的進步，就必須具足適當的、相應於此時此刻、自他、主客觀的因緣條件。

其次，必須有合格的大師指導有效的修行方法。聖嚴法師認為自出家以來，花了近十五年的時間在修行上，自覺這段時間太長了，也沒有產生多大的效果。在這次經驗後，法師意識到：平時要努力學習一個好的方法，以及適時地遇到一位好的師父，才可能在修行上有更大的突破與受益。

4. 是一生中最好的一次經驗，但還要繼續修行 ❷

法師對這段體驗與影響所下的評論為：

> 這是在我的一生之中，最好的一次經驗。從此以

---

❷ Master Sheng Yen, *Getting the Buddha Mind*, p.28.
❷ 本段內容，節錄譯自 Master Sheng Yen, *Getting the Buddha Mind*, p.28.
❷ 以下引文皆整理節錄自〈現代中國禪林生活及我個人教授禪學的經驗〉。

後,我看經典和語錄時,覺得不需要人解釋,好像我就很容易懂,那就像我講的話一樣⋯⋯。

在那以後,我看所有的東西都不是問題。懂得就懂得,不懂的就不懂啊,這有什麼關係?所以,我現在演講的時候,有人問我,我是不怕任何人問問題的。我說:我懂,我一定講;不懂的,我就說不知道,這有什麼關係呢?

很多人都會對聖嚴法師這段身心體驗所達到的境界產生好奇,其實法師個人在密西根大學演講中,曾開宗明義的表示:

但是我的經驗之後,自己的煩惱還是在,並不是沒有煩惱。不過呢,從此以後自己內心有煩惱,我就知道,要起煩惱以前,大概有點預兆,知道大概要有煩惱來了。所以自己覺得沒有解脫,因此,我發心到山裡面去修行。

因此,在這段經驗後,法師一再強調:「我還是凡夫,我不敢驕傲,我還是需要修行。」也埋下了未來再度出家、閉關修行的種子。

（二）對東初老和尚的開示內容銘記於心

1. 師徒之間的角色責任：老師與道友

1960年，聖嚴法師依止東初老和尚再度出家，法師形容與東初老和尚初出家的兩年，猶如馬爾巴調教密勒日巴的過程。種種看似不合常理的要求，聖嚴法師卻視為是老和尚真正的慈悲，如果沒有經過那些嚴格的考驗，法師覺得也不會得到許多的收穫，從中理解到佛法與修行是活的、彈性調整的，而且要靠自己去體驗。㉓

在即將入山閉關時，東初老和尚提醒聖嚴法師：修行最重要的是「不要辜負自己」，而不是對不起佛法。對於師徒之間的角色責任，不僅是如父與子、老師與學生，更如同道友。老師雖然要指導、批評、糾正學生，但更重要的是學生要對自己的修行負責。老師只是帶引學生走上正道，而學生必須自己去走這條修道之路。㉔

㉓ Master Sheng Yen, *Getting the Buddha Mind*, p.30-31.
㉔ Master Sheng Yen, *Getting the Buddha Mind*, p.31-32. 節錄自原文：Once Master Tung-Ch'u told me, "The relationship between a master and disciple is like that of father and son, like teacher and student, but is also a friendship. The master may guide, criticize, and correct, but the disciple must be responsible for his own practice. The master cannot worry over his disciple like a mother. The master just leads the disciple onto the Path; the disciple must walk the Path himself."。

2. 修行者要兼顧福慧、度眾生

東初老和尚亦對選擇去閉關修行的聖嚴法師提醒重要的觀念：一位修行者應重視智慧與福德兼備；一個人的修行，是可以培養三昧與智慧，但修行者必須隨時記得：眾生需要佛法的滋養。因此，不能只有個人的獨修定慧行，還要能有廣度眾生的福德行。

聖嚴法師能在早期帶領禪修時，即與學生們分享東初老和尚的這些開示與叮嚀，足見法師對師徒之間的關係與責任、修行者的修行重點與方向等，一直是非常重視的，這也影響了其未來在禪修師資教學時，對課程內容方向的掌握與取捨。

三、禪修經歷對聖嚴法師的影響

聖嚴法師到美國帶領禪修以前的禪修經歷，從法師較早期的自述性文獻中，發現上述所陳述的經歷是較後期所出版的文字記錄更為完整的。尤其是歷經這些不同的階段後，聖嚴法師更進一步說明了這些經驗對他在帶領禪修上所造成的影響。下文即依這些文獻的內容，作一綜合性的說明。

（一）非常重視禪修的基礎與次第方法

綜上所述，聖嚴法師在大陸與臺灣的禪修經驗中，對於在日常打坐或密集禪期中，有沒有人講解規矩與禪修方法是非常在意的。早在 1982 年《佛心》的自傳中，在敘述靜安佛學院與從軍時的禪修經歷後，法師開始在經典中尋找各種修行的方法，並去嘗試與熟悉許多可以令身心較快獲得安定的方法，以期在日常生活中能有效控制個人的情緒與煩惱，從而能利己也利人。㉕

1989 年在密西根的演講中，法師更明確地總結他的經歷，如是說道：

> 因為我自己本身，從年紀輕的時候，修行沒有方法，不知道方法和層次，所以覺得很辛苦。因此，當我在美國開始教禪的時候，我就注意方法，也注意層次。

㉕ Master Sheng Yen, *Getting the Buddha Mind*, p.28-29. 節錄譯自原文：From then on I searched for techniques of practice, for methods of cultivating dhyana, especially in the sutras. With some experience a student can usually produce results with these methods。
With practice it is possible to control emotions and vexations as they come up in daily life. I familiarized myself with these numerous methods to help myself as well as others.

如果假以整理的話，中國的禪宗的修行是有方法的，是有層次的。而在佛經和論典裡，也到處可以看到修行方法和修行的次第。

從上可知，聖嚴法師一直深信禪宗的修行是有方法與層次的，並在美國一開始教禪即非常重視與實踐這部分。畢竟，相較於近代中國傳統禪寺「坐到臘年」的「慢慢修行」，反觀現代人，或西方世界日益忙碌、求快速有效的生活節奏與觀念，是無法過著長時間、無目的、無科學方法的修行生活。因此，法師一再強調：禪修「必須要講方法，必須要講層次，使得現在的人能夠很快地得到益處」。[26] 這也成為法師禪修教學的重要特色之一。

（二）強調戒定慧三學為所有修行的基礎

由於親身經歷了近代佛教寺院的各種修行與生活樣態，聖嚴法師在閉關修行時，首先就研讀戒律，並主張「戒律是生活的指導方針，沒有堅固的戒律為基礎，禪定的修行易走向外道的邪見、邪行。因此戒律是一種保

---

[26] 整理節錄自〈現代中國禪林生活及我個人教授禪學的經驗〉。

護網,使我們能走在正確的修道路上。」㉗

同時,在不斷閱讀經藏內容時,以前覺得經論有矛盾的地方,在經歷了靈源老和尚的「棒喝」體驗後,聖嚴法師開始理解到那是不同層次的佛法內容時,這些矛盾就消失了。法師因此認知到:佛陀是根據眾生不同的根器與身心的經驗,而因材施設與其相應的教法。㉘

以上對三學的重視與因材施教,亦成為聖嚴法師教授禪法時,從始至終都一再強調與奉行的教學準則。

(三)正確看待禪門中各種修行的機緣與境界

關於聖嚴法師與靈源老和尚的互動機緣,除了如上所陳的內容,法師亦重申:在沒有遇到明師之前,只能先盲修瞎練,至少比不修行還好,此時若能透過佛典內容來核對修行的體驗,還是非常有用的。

再者,對於這樣的師徒互動機緣,聖嚴法師表示:公案只有一次,在發生的時候是活的,結束後就死了。原因是:

㉗ Master Sheng Yen, *Getting the Buddha Mind*, p.29.
㉘ Master Sheng Yen, *Getting the Buddha Mind*, p.29.

因為個人有個人的因緣，個人的因緣遇到了這樣的因緣，當因緣成熟它就發生了，否則的話，你想學習、你模仿，那是演戲，不是修行。㉙

這應是針對當時美國人在接觸禪法時，大多對公案充滿了好奇，甚至在一些禪中心普遍以模仿公案來參禪的現象，因此，聖嚴法師在禪修教學過程中，不斷提醒學生有關「活法」與「死法」等的參禪重要觀念。

第二節　聖嚴法師在西方的禪修教學歷程

一、聖嚴法師對北美禪佛教發展的體認

（一）以「禪」為主流的北美佛教發展趨勢

聖嚴法師於 1975 年取得日本博士學位後，在諸多因緣際會之下，最後選擇接受沈家楨居士的邀請，於 1975 年 12 月 10 日抵達美國西岸，就此開啟了西方弘化生涯，更在意料之外下逐漸成為受到西方人士稱仰的「禪師」。這段以禪修為主的西方弘化歷程，聖嚴法

㉙ 整理節錄自〈現代中國禪林生活及我個人教授禪學的經驗〉。

師雖符應了當時美國禪佛教發展的潮流，卻也走出了一條有異於當時的主流禪法，是兼具中國傳統禪宗內涵，又因應現代社會需要而開創出具個人特色的禪修教學歷程。

早在1976年，聖嚴法師於紐約大覺寺美國佛教會的佛誕法會中，即已為大眾說明了「美國佛教的源流」。[30] 從這段開示內文可知聖嚴法師雖初抵美國不到一年，卻對美國當時的佛教發展狀態有一定程度的了解。

從學術的角度來看美國佛教發展的概貌，聖嚴法師認為美國佛教歷史真正開始於1893年的芝加哥萬國博覽會中的「萬國宗教會議」，當時即有代表日本禪宗的臨濟派、真言宗、天台宗、淨土真宗共計四位僧侶出席該次大會。經此因緣，後續有日僧釋宗演派其弟子鈴木大拙到美國傳揚臨濟禪法。鈴木後期更積極進入各大學院校巡迴講演，或以諸多的英譯著述，廣泛地介紹日本的臨濟禪法，引發了未來數十年間盛行於美國的鈴木禪風。法師認為在1897年至1950年以來，由鈴木大拙所

---

[30] 此次開示全文目前收錄於釋聖嚴，〈附錄二　美國佛教的源流〉，《日韓佛教史略》，《法鼓全集2020紀念版》，第2輯第3冊，臺北：法鼓文化，頁306-312。

帶出的「東方文化與佛教」等一系列與禪有關的潮流，「是佛教由日本帶來美國，向學術界、各大學推展的主力」。即便在信仰層面上，也是由日本傳入的淨土真宗成為美國最大的佛教組織。㉛

李四龍在參照諸多學者㉜對美國佛教發展研究的文獻資料後，提出六、七〇年代是美國佛教急速發展的時代。㉝ 這是因為二戰與越戰後，美國傳統主流文化中偽善而浮華的政治經濟文化「方塊」（Square）的價值，在民間開始興起了一群反抗以上主流價值的「垮掉的一代」（The Beat Generation）、「嬉皮士」（Hippie）的族群，他們轉而追求當時鈴木禪所提倡的簡樸生活與心靈解脫的新價值體系，也成為應運而生的「頹廢禪」

㉛ 釋聖嚴，〈附錄二　美國佛教的源流〉，《日韓佛教史略》，頁 309-311。
㉜ 例如幾本介紹美國佛教的代表著作：艾瑪（Emma Layman）《佛教在美國》 *Buddhism in America*, 1976；普萊比什（Charles Prebish）《美國佛教》 *American Buddhism*, 1979；費爾茲（Rick Fields）《天鵝怎樣來到此湖：佛教在美國的敘述史》 *How the Swans Came to the Lake: A Narrative History of Buddhism in America*, 1981。參見李四龍，〈導論〉，《美國佛教──亞洲佛教在西方社會的傳播與轉型》，頁 1-2。由於李四龍此著述幾乎已羅列了西文中幾本分析美國佛教發展的重要著述，故筆者多以李氏的內容為主要的資料來源。
㉝ 李四龍，〈美國佛教研究的近況（上）〉，《普門學報》第 19 期（高雄：普門學報社，2004 年 1 月），頁 2。2022 年 12 月 8 日搜尋之電子全文：http://buddhism.lib.ntu.edu.tw/FULLTEXT/JR-MAG/mag203271.pdf。

（Beat Zen）的有利工具與精神生活依據。❹這些族群的部分人士，在中年以後，為了安頓浮動的生命，到處尋找可以依止學習的禪師。他們也成為聖嚴法師帶領禪修、禪修師資培訓的學生來源之一。

（二）美國佛教學術研究進入典範轉移的階段

聖嚴法師於1976年8月出席「世界佛教史學會議」，這是法師抵美後第一次參加的國際性學術研討會。在巡禮了三天的各場次會議後，法師對此世界性的學術會議提出的觀感是：西方人研究佛學，總是繞著問題轉，卻不易觸及問題的核心；與會者多為歷史學者，也發現當時的學術界仍無法深入佛教的理論、義理層面。因此，法師認為這些來自世界各地的佛教學者，大多還是在語言、文獻、歷史上著力，尚談不上是佛教研究的思想家。法師反而對一些新穎的研究主題更感興趣，例如從耆那教與佛教的比較研究，認識到為何耆那教可以在印度歷久不衰的原因。另一方面，也覺得未來

---

❹ 關於 The Beat Generation, Square, Hippie, Beat Zen 等等現象的敘述，可參考李四龍，《美國佛教──亞洲佛教在西方社會的傳播與轉型》，頁51-54。亦可參考：Richard Hughes Seager, "Chapter Four: The American Setting", *Buddhism In America*, New York：Columbia University Press, 1999, pp.40-44。

這種場合,應該要有更多中國的佛教學者,將中國佛教的歷史與思想傳介到西方佛學研究領域中。㉟

關於以上所指出的西方學術研究傳統的現象,李四龍則提出了「七〇年代是美國佛教研究的分水嶺」的論點,認為美國此時正從歐洲佛教研究的主流典範中轉移,即是從傳統的文獻學研究走出來,漸漸趨向於社會史或人類學的研究方向。李四龍認為當時的美國佛教學者,其實已經開始注重將佛教視為一種「活的傳統」,重視佛教的社會文化背景、宗教實踐,不再只是鑽入語言文字或文獻的探究,而是要能走向「直接與僧人進行思想交流的經驗與體會」。㊱

除了開始從大學象牙塔走出來,進入佛教一向重視的人類社會生活層面的研究方向外,在這場學術典範轉移過程中,李氏認為美國學者在方法論上的反省更值得關注。八〇年代以後的美國佛教界,開始反省西方世界過去對南傳、漢傳、藏傳等佛教知識的構成,有可能是「殖民主義」或「東方主義」下的佛教研究產物,因而

㉟ 釋聖嚴,〈從東洋到西洋〉,《留日見聞》,《法鼓全集 2020 紀念版》,第 3 輯第 4 冊,臺北:法鼓文化,頁 196-197。
㊱ 李四龍,〈美國佛教研究的近況(下)〉,《普門學報》第 20 期(高雄:普門學報社,2004 年 3 月),頁 10。2022 年 12 月 8 日搜尋之電子全文:http://buddhism.lib.ntu.edu.tw/FULLTEXT/JR-MAG/mag203627.pdf。

興起了一陣與「佛教詮釋學」相關議題的討論風潮。㊲這是一種開始放下西方對東方的主觀思維視角，試圖走入東亞或東方文化的思維，以期能有相對客觀的詮釋觀點，而聖嚴法師正好在這高等學府佛學研究的典範轉移潮流中出現，加之以其博士學位的光環，自然吸引了各大學府的目光，讓法師因此能順應時勢之流，得以頻繁進入各高等學府，開啟其禪修教學與弘化之旅程。

（三）遍至美國各大學府的禪修弘化景況

聖嚴法師抵美不到一年的時間，透過跟他學禪的學生居中安排，很快就收到許多大學的演講邀請，邀請者多為研究宗教或佛教的大學教授，他們常常指定法師以「禪法」或「佛教」為演講主題。法師透過這些互動過程中發現：西方人士普遍認為「唯有佛教的法師講佛教，才代表佛教；唯有指導禪修的人講禪法，才能信賴其正確可靠」。㊳從法師這些經歷可知，美國當時高等

㊲ 相關研究資料說明，參見李四龍，〈美國佛教研究的近況（下）〉，頁 10-11。
㊳ 釋聖嚴，〈四六、出入學府在北美〉，《金山有鑛》，《法鼓全集 2020 紀念版》，第 6 輯第 4 冊，臺北：法鼓文化，頁 220。
聖嚴法師提到：在 1970 年代以後，北美各大學的佛學課程教授已漸漸轉為佛教徒、隨禪師學禪，較以信仰層面來體驗佛法與修行。參見釋聖

學府的佛教研究環境,確實已經走向非常重視與僧人面對面的思想交流與禪修體驗分享,甚而向有禪修經驗的僧侶尋求禪的教導與學習。尤其對聖嚴法師這樣具有日本博士學位、又有閉關修行經驗的出家僧人,更是各大學院校競相邀約的重要對象。㊴

因此,聖嚴法師抵美的最初十五年期間(1976－1991),就已經收到三十二所大學院校的邀請,進出高等學府八十五次,足跡遍及美國十四州。所演講的內容亦大多以漢傳的「禪」為主題,例如:中國禪宗的歷史、禪宗祖師或典籍、禪與禪定的區別、禪的理論與實踐、禪與現代生活等等,範圍涵蓋了傳統與現代的諸種角度,向西方世界以或深或淺的語言文字介紹、教導與禪的相關內容。㊵ 這些演講主題成為聖嚴法師此一時期的著述重點,也是其禪修教學日趨成熟、成果最豐厚的階段。㊶

嚴,〈一〇、中國佛學院〉,《火宅清涼》,《法鼓全集 2020 紀念版》,第 6 輯第 5 冊,臺北:法鼓文化,頁 73。

㊴ 李玉珍,〈跨地同坐一門禪修──聖嚴法師的國際弘法〉,《聖嚴研究》第九輯,臺北:法鼓文化,2017 年,頁 322。

㊵ 參見聖嚴法師所整理的總表,收錄於釋聖嚴,〈四六、出入學府在北美〉,《金山有鑛》,頁 220-221。

㊶ 林其賢編著,《聖嚴法師七十年譜》(下)〈附錄:聖嚴法師國際弘化表(至一九九九年)〉、〈附錄:聖嚴法師外文著作及相關外譯著作一覽

二、聖嚴法師在北美的禪修教學歷程

(一) 選擇以「禪」為西方弘化重心的因緣

　　1977 年，聖嚴法師在加拿大多倫多中山紀念堂的演講中提到，當時北美弘揚佛教者人數雖不算多，卻匯集了各系佛教，而且系統非常多元與繁雜。在各種禪法極為盛行的局面中，法師發現「仍以禪宗最受北美社會的歡迎與愛好」，而且認為不論弘揚禪法者來自何方，主張「禪的根源是中國」。法師指出當時在美國弘揚漢傳禪法者，在西岸為頗具盛名的虛雲老和尚傳承者：萬佛城度輪法師（宣化法師）為代表；至於東岸，則也僅有紐約州美國佛教會的大覺寺為代表。㊷

　　聖嚴法師選擇以「禪」為西方弘化的重點，除了

　　表〉，臺北：法鼓文化，2000 年，頁 1071-1092。從這兩份附錄資料的簡單統計下，即可知聖嚴法師在美國的最初十五年，以紐約州為例，就有將近五十場與「禪」有關的演講。同時，也陸續出版了幾本重量級的英文著作，例如：*Getting the Buddha Mind*（最早的禪七開示錄及學員心得，《佛心》）、*Faith in Mind*（《信心銘》）、*The Poetry of Enlightenment*（幾位重要祖師的開悟詩偈英譯，《開悟的詩偈》）、*The Sword of Wisdom*（《永嘉證道歌》）、*The Infinite Mirror*（石頭希遷〈參同契〉與洞山良价〈寶鏡三昧歌〉,《寶鏡無境》）等。

㊷ 釋聖嚴，〈佛教的信仰和教義〉,《佛教入門》,《法鼓全集 2020 紀念版》，第 5 輯第 1 冊，臺北：法鼓文化，頁 119-120。

「正好趕上一股西方人的禪修熱潮」❸外，主要還是因為沈家楨居士的建議與大覺寺仁俊長老的支持，以及有禪修背景的日常法師應允共同主持禪修的教學，再加上第一期學生王明怡（華裔）在英文口譯上的大力協助，讓初抵美國的聖嚴法師一開始即是順著這樣的因緣之流而為之。至於其博士學位的學術涵養，反而沒有如禪修教學般有充分發揮的因緣。然而，對聖嚴法師而言，二者是不相妨礙的，也覺得當時的美國社會是一塊等待開墾的荒地，因此抱持著「拓荒者」的精神，希望能將佛法與禪法在美國「生根立腳」。❹

然而，歷經北美超過十年的弘化後，聖嚴法師在接受一些採訪或演講，針對其禪師身分與教導中國禪法的好奇與詢問時，法師不僅說明了當時大覺寺的教禪因緣，更是提到自己身為一位漢傳佛教的法師，自然是以他所傳承到的禪法來教導北美的學習者，不會為了適應北美的文化與思維模式而改變其教法。

由是可知，聖嚴法師雖是隨著北美佛教發展因緣之流走上教禪的「拓荒之路」，然而在禪的教材與教學的

---

❸ 釋聖嚴，〈日常法師——西方弘法時的善知識〉，《我的法門師友》，頁228-229。

❹ 釋聖嚴，〈從東洋到西洋〉，《留日見聞》，頁190-191。

選擇上，法師還是依其自身是中國漢傳宗教師的身分，並且以其所傳承的漢傳禪宗法脈與禪法為核心教法，盡其一生在北美教授與傳揚漢傳的、中國禪宗祖師們的宗風。這也是聖嚴法師在西方自始以來不變的自我定位與弘化方向。

（二）禪修教學事蹟分期概說

原想就此留在美國發展不再回臺灣的聖嚴法師，由於東初老人於1977年12月無預警的坐化，法師必須承接與經營其師父在臺灣創建的中華佛教文化館及其下院：農禪寺，因而開始了長達數十年、每三個月往返臺、美兩地的弘化生涯。為了能兼顧臺灣道場，聖嚴法師辭去了美國佛教會及大覺寺所有的職務❹，卻也因此開啓了其在美國創建個人禪修道場的新契機。因是之故，聖嚴法師在西方的禪修教學也以此為分水嶺，分為三個時期：最早期的「大覺寺時期」、1978年離開大覺寺後，在皇后區林邊（Woodside）租屋的「禪中心時期」，以及一年後購置皇后區艾姆赫斯特（Elmhurst）的「東初禪寺初期」。筆者亦依其禪修教學演變特色

---

❹ 釋聖嚴，〈四五、到美國十五年〉，《金山有鑛》，頁212。

的改變，分別稱爲第一、第二及第三階段的禪修教學時期，並以禪修教學重要事蹟爲內容主軸，整理成「附錄3：聖嚴法師早期禪修教學事蹟簡表❹（1976－1985）」（下文簡稱「附錄3」）。

其中，東初禪寺時期僅列至1985年，主要原因是本書聚焦在「早期」的師資培訓課程，承前文所述，在1985年以後，此課程的對象演變爲開放給一般信眾，課程名稱亦改爲「特別課程」而不再稱「培訓課程」，故已非本書的研究對象與範圍。以下三個禪修教學時期的概介，主要依據來源爲所整理的「附錄3」內容。

1. 第一階段的禪修教學時期：大覺寺時期（1976－1977）

在最初抵美第一、二年中，聖嚴法師不僅開辦禪坐共修性質的「週日靜坐班」，同時分別開設了依初級、中級、進階三種階次的禪修教學班，更發行英文版的《禪》雜誌（*Chan Magazine*）。在此期間的主要活動，法師認爲影響深遠者就是「禪坐特別班」。從「附

---

❹ 本表格以聖嚴法師早期的美國禪修教學及居士師資培訓課程內容爲主，內容主要參考自：林其賢，《聖嚴法師年譜》第三卷之內容。尚參考與引用自：英文《禪》雜誌、《禪通訊》（*Chan Magazine, Chan Newsletter*）相關內容。

錄3」之內容整理可知，聖嚴法師為了培養禪修課程的助手，開設了兩期每期十四週的「禪坐特別班」（即「禪坐訓練班」），並創辦英文《禪》雜誌，以記錄特別班同學的禪修學習心得與其授課內容。

課程參與者多為華裔或歐裔的美籍知識青年、在職人員、大學教授等，有些更成為法師未來禪修活動的重要助手與禪修推廣者，例如長期擔任英文口譯的研究所學生王明怡，以及整理與英譯並出版法師所教授的禪法內容的大學老師丹・史蒂文生（Dan Stevenson）。另一方面，更影響了不少西方青年皈依三寶、成為佛教徒，更有西方青年：果忍（保羅・甘迺迪 Paul Kennedy）、果閑（凱倫・藺 Karen Zinn）追隨聖嚴法師出家，為法師在美國最早剃度的西方弟子。㊼

由於早期這些課程的資料沒有被完整保存下來，無法明確知道這些禪訓班課程的內容，但從聖嚴法師在《禪的體驗》的〈序文〉中可知，此書所收錄的大部分內容，即是法師當時禪修教學的教材與內容。例如：禪的源流、禪的入門方法、禪的歷史發展、中國禪宗的禪與悟境、明師、魔境等內容。當時所教授的「禪的入門

㊼ 釋聖嚴，〈四五、到美國十五年〉，《金山有鑛》，頁212-214。

方法」，即已區分為調身、調息、調心三個層次，並明確列出具有法師個人教學特色的「調心七層次」。❹⁸

此時期最大的特色，即是聖嚴法師於1977年3月舉辦了生平第一個的禪七，這是因應學生們在讀了《禪門三柱》後，向法師請求希望能體驗密集禪修的「剋期取證」。於禪期中，法師感受到這群西方弟子「用功與悟性之高」，感觸良深地說道：「西方有聖人之材而無聖人之學」，若有人能傳授「聖賢的學問和方法」，西方人修禪是有潛力與成就的。這也奠定了聖嚴法師立志將大法弘傳於西方的信心與願力。❹⁹

2. 第二階段的禪修教學時期（1978－1979）

1978年是聖嚴法師在美弘化較不穩定的一年，也是改變非常大的一年。由於有將近四個月的時間，聖嚴法師留在臺灣處理東初老和尚的佛事及接管寺產等事宜，

---

❹⁸ 釋聖嚴，〈自序〉，《禪的體驗》，臺北：東初出版社，1980年初版，頁2-3。〈自序〉：「……寫過〈坐禪的功能〉及〈從小我到無我〉的兩篇文章，做為教授修行方法的輔助教材。本書則為將我授課的內容，做一個綱要性的介紹，讀者可從本書中明瞭佛教修行禪定方法的一個大概，至於進一步的修證工夫，當然不在文字，而在求得明師的指授下的切實用功。」此序文今收錄於：釋聖嚴，《禪的體驗・禪的開示》，《法鼓全集2020紀念版》，第4輯第3冊，臺北：法鼓文化，頁4。

❹⁹ 釋聖嚴，〈夢中人的夢話〉，《禪的理論與實踐》，《法鼓全集2020紀念版》，第4輯第18冊，臺北：法鼓文化，頁60-61。

待回到美國時，大覺寺的人事已有所變化。加上必須兼顧臺灣的寺務與教學，已經無法長時間留在美國，聖嚴法師開始了每年兩次往返臺、美二地的國際弘化生涯。

1978年10月，聖嚴法師正式離開大覺寺，但原有在大覺寺的禪修活動，開始交由其指定受過培訓的西方弟子代為教授初級禪訓班課程、帶領平日的禪坐共修與禪三的短期禪期。1979年4月返回美國期間，在新道場尚未有著落以前，聖嚴法師暫住於長島的菩提精舍。因為受到紐約地區原有弟子們殷切地向其求法、求受繼續教導的誠懇心所感動，聖嚴法師又返回紐約、帶著初出家的弟子果忍，過著一面尋找新址、一面流浪於各個學生住處，或於浩霖法師的東禪寺處臨時掛單，或是師徒倆背著行囊露宿街頭的生活。此流浪街頭、沒有固定道場期間，仍借用沈家楨居士的菩提精舍舉辦了一次禪七、也到各大學演講與帶領各種禪修課程與活動、或接受電台訪問等。師徒們因此艱困流離的修行生活歷程，更激起了法師未來創建「禪中心」、弘揚大法於西方的大願。

在因緣際會、幾經波折下，終於在紐約林邊租了一層房子，並正式成立「禪中心」。㊿有別於美國一般禪中心以「Zen Center」命名，聖嚴法師用的是「Chan

Meditation Center」，從中可以發現法師想藉此名稱，讓進入「禪中心」者可以非常明確而清楚地知道：這個以禪修（Meditation）為主的中心，是屬於漢傳佛教的「禪」（Chan），不是日本的「Zen」。由此可知聖嚴法師從開始獨立經營道場時，就立意於讓美國人直接認識「中國的禪」。這是第二階段禪修教學時期，最大的特色與重點，不僅定位於漢傳禪中心，更開始了一連串禪修教學的調整與規範化。

當有了固定的道場後，聖嚴法師在禪修教學上，除了每年固定舉辦四期禪七外，更增加了許多專門課程，例如星期五的「佛法課程」，週日固定的講經與每週兩次的禪坐共修等。同時將原來十四週的禪修特別班，拆分為四週的初級禪訓班，以及十週的進階班，一班結束即開另一班，開班數非常頻繁。聖嚴法師不在美國期間，仍固定由其指定、受過特別班助手培訓的西方在家弟子授課、帶領禪坐共修與短期的密集禪修（禪一、禪二、禪三），甚至是教授佛法、經典的課程，當時的講師群有：丹・史蒂文生、保羅・甘迺迪等人。

---

❺ 釋聖嚴，〈四五、到美國五十年〉，《金山有鑛》，頁 215。李果然，〈附錄七　夢中的拓荒者〉，《金山有鑛》，頁 362-363。

3. 第三階段的禪修教學時期（1980－1985）

於 1980 年 1 月離開暫租之處，搬至新購於紐約皇后區的二層樓房新址，正式將禪中心取名為「東初禪寺」。(51) 由於使用空間擴大，開始可以直接在禪中心一年舉辦四期的禪七、每月的初級禪訓班或進階班，加上為了讓聖嚴法師不在美國期間也能如常的運作，法師的東、西方在家弟子逐漸扮演了操持寺務、推動基本活動與課程的重要角色，讓禪中心可以如一個「大家庭」般讓每個人都能主動參與。(52)

由於各種禪修課程的開辦需要師資，禪七期間也需要助手協助，聖嚴法師於 1981 年東初禪寺的所有設備已近完備之際，開始了其在美國期間，每週三晚上的「師資培訓班」系列課程，以加強這些師資的素質，特別是對漢傳禪法的深入理解與掌握。從「附錄 3」所列之禪修教學項目看來，以「師資培訓班」最為固定與開課次數最多，自 1981 年起至 1986 年止，持續了五年的時間，開了八十三次課程，也成為法師此一時期禪修教學的重點與特色。

---

(51) 此一歷程之細節，可參考釋聖嚴，〈四三、紐約第五十次禪七〉、〈四五、到美國十五年〉，《金山有鑛》，頁 195-197、頁 214-217。

(52) 李佩光，〈附錄六　沒有床的大家庭〉，《金山有鑛》，頁 355。

此時期禪修教學的轉變,以禪七內容與師資培訓課程二者最為明顯。自 1980 年 5 月,在東初禪寺的第一場禪七(即第七期禪七),聖嚴法師講解憨山大師之〈觀心銘〉,並於此次禪七後,法師開始在禪七晚間的開示,固定以禪宗祖師的詩偈或語錄為授課教材,有別於過去的隨時機因緣開示不同的內容。再者,禪七白天的開示,也漸漸形成有次第性地開示重要的佛法知見與各種禮拜方法,例如:苦、空、無常、無我、出離心、菩提心;慚愧懺悔禮拜、感恩禮拜、無相禮拜等,並將七天的作息內容與時間規範化、固定化,以期讓所培訓的禪修師資有跡可循,漸漸加入成為助理監香、或帶領基礎禪修等的角色。

　　在師資培訓課程方面,也是因為自 1981 年 5 月以後,東初禪寺整修完畢並正式啟用,所有的活動可以規律地進行。由於主要重心都在禪修相關的課程,對於能固定帶領禪修課程、共修、活動的人力與師資則變得非常急切與重要,因此於此年 5 月以後即開辦固定的禪修「師資培訓課程」。❸ 從「附錄 1」所羅列的「師資培

---

❸ 參見林其賢編著,〈第一冊　民國七十年／西元一九八一年〉,《聖嚴法師年譜》,頁 411-412。

訓課程」項目可看到，陸續有《禪門鍛鍊說》、「五停心觀」、禪宗祖師與師徒互動的事蹟、祖師的開悟詩偈等教材。

綜覽聖嚴法師在西方的師資教學教材取向，筆者心中常生起的疑惑是：在面對西方弟子對中國禪宗仍極為陌生，文字又艱澀難懂、不易翻譯、不易口語解釋，以及中國禪法如何落實於西方現代生活中等等現實處境下，聖嚴法師何以依然堅持使用這些傳統教材長達數年的時間？在法師的內心深處對「一位理想的禪修師資」的條件與內涵是什麼呢？

以下即從聖嚴法師的禪修經歷、體驗與教學實踐歷程，以及在西方各大學學府講學等相關內容，進一步統整出法師心目中理想的禪修師資應具備的內涵與條件。

第三節　聖嚴法師心目中的理想禪修師資人才

一、理想的禪修師資內涵、作用與功能

（一）明師與禪師的意涵

早在 1980 年當學生詢問聖嚴法師：何謂「明師」？在哪裡可以找到世上最好的明師？他是不是最好

的明師？相類似的問題時，法師即曾表明：以在禪堂打禪七而言，既然學生已經在這裡聽聞佛法、修習禪法，就要一心一意、死心塌地的認定：在尚未找到更好的明師之前，眼前的老師就是與他當下最有緣、最好的明師。否則，如果對教導者抱著懷疑的態度，在修行上就會一無所獲。❹因此，聖嚴法師對於「明師」的意涵，首先是從修行者的立場來看，提出了「師徒因緣、信任關係」是為明師的重要條件。

（二）禪師的作用與功能

其次，作為一位明師，必須發揮什麼作用與功能呢？

聖嚴法師強調禪宗是重傳承的，所以禪門的老師必須是「有修證經驗的過來人」，如此才有能力印證弟子是否真的悟道。這樣才能避免禪宗自宋以後，被「瞎眼阿師」直接用「冬瓜印子」的偽證事態發生。❺

因此，法師認為禪宗的「明師」，亦即「禪師」，

---

❹ 釋聖嚴，〈正與邪〉，《禪的生活》，《法鼓全集 2020 紀念版》，第 4 輯第 4 冊，臺北：法鼓文化，頁 132-133。講於 1980 年 10 月 5 日農禪寺禪坐會開示。

❺ 釋聖嚴，〈宗通與說通——禪與教〉，《禪的生活》，頁 88。講於 1982 年 10 月 31 日農禪寺禪坐會開示。

有兩種作用：首先，是能指導或啓發禪眾修持禪法的善知識，例如南嶽懷讓對馬祖道一的啓發、馬祖道一又啓發了大珠慧海。其次，是要能勘驗修行者的修行境界，以及印證其眞實開悟。❺ 此二者要能同時具足，方堪稱爲明師、禪師。

二、理想的禪修師資應具足的條件

聖嚴法師於 1993 年 5 月 24 日，在密西根大學演講「作爲禪師的條件」時，即列出了五個要項：正確的知見、修證的經驗、正統的傳承、福德因緣、善巧方便。❺ 這場演講是歷年來，法師對禪師的意涵、條件最爲具體而詳盡的說明。

於「禪師」的內涵，法師非常具體地指出：作爲一位禪師，他必須以「禪的觀念、禪的內容、禪的理論、禪的方法、禪的形式」作爲他自己的老師。所謂「Master」，一定有他的弟子，而身爲禪師，不只是有一般的弟子，更要有相當成就的弟子，才堪稱爲禪

---

❺ 釋聖嚴，〈新與舊〉，《拈花微笑》，《法鼓全集 2020 紀念版》，第 4 輯第 5 冊，臺北：法鼓文化，頁 71。講於 1983 年 2 月 24 日農禪寺禪坐會開示。

❺ 釋聖嚴，〈六二、回到美國兩個月〉，《行雲流水》，《法鼓全集 2020 紀念版》，第 6 輯第 8 冊，臺北：法鼓文化，頁 293。

師。㊽

當然,這樣的禪師必定具足以下五個要項,簡要說明如下。㊾

(一)具足正知正見

聖嚴法師提到禪師應具足的正知見含三部分:第一是以因果觀念為準則,第二是要有因緣觀,第三是以無我、無相、空為目標。法師進一步指出,這些觀念早就含括在菩提達摩的「二入四行」內容中了。

所謂「二入四行」的內涵,在此不贅述。僅提出聖嚴法師一些較具個人特色的詮釋:法師將「理入」直接視為是「頓悟」,即不需要用任何方法、直下就能悟入。「四行」則是結合上述所提的三項正知正見:報冤行即是知「因果」,隨緣行即是知「因緣」,稱法行與無所求行即是「無相、無我、空」。其中,又以最後的無相、無我、空為最重要的核心觀念。

㊽ 此為筆者整理與節錄自當場次演講的錄音整理稿。見:「附錄1」分類－編碼為「訓練禪師 T10」。
㊾ 關於下文對這五要項的內容節錄,整理自「禪師的條件」。見:「附錄1」分類－編碼為「訓練禪師 T10」,故於各段文中不另列明出處。

（二）有修證的經驗

聖嚴法師解釋「修」即是修行，「證」即是證悟，如果修行沒有開悟，是不能成為禪師的。對於「修行」則提出了穩定正當生活的「戒」；有打坐基礎訓練下，而不受環境所困擾的「定」；有解脫、開悟經驗而兼具慈悲心與智慧心的「慧」。此戒、定、慧三學，是禪師在修行過程不能偏廢的，唯有透過三學同修，方能有具足悲智的證悟體驗。

（三）接受正統的法脈傳承

關於如何獲得正統的法脈傳承，聖嚴法師提出最好能同時具備以下三個因緣：首先是在修行的過程中，有明師的指導令其開悟。其次是得到明師的印可，承認與印證他的開悟經驗。第三是得到明師的許可，能夠開始成為禪師教授禪法。法師也提到要同時具備這三個因緣條件是非常不容易的，但對成為一位禪師，卻又是非常重要的。

（四）具備弘法的福德因緣

得到印可的禪師要有弘法的因緣，聖嚴法師說需要有三個基本條件的成就：首先是適當的弘法時間與空

間。例如，若是在文化大革命時期，人正好在中國大陸，那樣的時空環境就不允許法師弘揚禪法了。

其次是接引的對象和程度，法師舉美國的例子：許多美國人喜歡「聽禪法」，卻很少人真正能長時間的「修禪」，能夠遇到相應的學習者也是要靠彼此間的因緣。第三是弘法時外在的護持，即協助修行的外在條件，例如：可以打禪七的道場、有錢可以租借場地、協助打點三餐的義工等。

因此，不是每一位得到老師印可的弟子，都能具足以上所有教禪弘化的因緣；既便如聖嚴法師，在美國也曾在諸多條件欠缺下，度過極為艱辛弘揚禪法的歷程。

(五) 要有善巧方便接引弟子

聖嚴法師指出弘化接眾的「善巧方便」至少要具備以下的內涵：有佛學的知識、有世間的知識、具備觀察的能力，以及應機教化的能力。禪宗說的「不立文字」，法師特別說明是指不依靠文字，而不是不用文字，因此強調：具備佛學知識才真是禪師，但若禪師不知世間學問就不通人情世故、對學生較不易有更深入的了解。作為一位禪師，除了以上條件，在帶領修行時，還要能對弟子用功修行時的表情與心理狀態善加觀察，

才能即時用對的方法幫助學生在修行上受益。

關於「應機」施設方面，即是指運用禪門家風的：何時該罵、該呵、該打、該騙、該勸等，都要應對正確而適當的時機與靈活的接眾手法。這一條件確實也不容易具足。

最後，聖嚴法師總結說：要同時具備以上五項條件是很難的，能具足其中一項是可以成為一位普通的禪師，而若能全部具足，就堪稱是「最高明的禪師」了。

三、理想禪修師資的鍛鍊與轉化歷程

聖嚴法師於 1991 年 10 月 18 日於加拿大麥克馬斯特大學宗教系以「如何養成一位禪師」為題的演講中，曾說在中國歷史上的禪師，是沒有一定的訓練方法或過程的，而是依個人不同的狀況、根性，有不同的過程與成就。也即是沒有如同現代社會開個「師資訓練班」，經過特別訓練後就能成為一名禪師的。即便是在中國歷代的傳統禪寺或叢林，也不會因為當了和尚、或曾在寺裡密集用功、在一位禪師旁隨侍學習，就因此而成為禪師的。法師並舉例說，著名禪師如馬祖道一，雖有一百多名弟子，最終能成為禪師級的弟子也是不多的。其弟子百丈懷海門下，縱然有幾十人開悟，能成為禪師而留

傳後世的也只有十幾人而已。

這些能成爲禪師級的歷史人物,既然沒有經過「師資班」的特別訓練,那是如何養成禪宗史上重要的宗門師資人才呢?以下即從聖嚴法師上述演講的內容,以及法師在 1981 年 5 月以後,在美國東初禪寺每週三「師資培訓課程」,爲西方禪修師資講授戒顯禪師的《禪門鍛鍊說》❻等相關文獻中,扼要地彙整出其對「禪門師資養成」的鍛鍊之道。

(一) 三個鍛鍊的歷程

1. 在日常生活中接受許多不合常理的要求

聖嚴法師透過禪門中諸多公案,如:把煤洗白、煮石頭、生薑長在樹上、皂角長在泥地下等,闡明許多禪師在爲人弟子時,就不斷地接受老師所給予他的許多無理的、不合理的生活訓練,而且面對這些境界,還要在心裡不產生任何反抗的心,或批判的態度。老師說什麼就要相信什麼,要接受這些不合理爲合理,才是禪的眞正修行者。

---

❻ 林其賢,〈第一冊　民國七十年／西元一九八一年〉,《聖嚴法師年譜》,頁 411-412。

禪門中這些公案，與平常人的常識是相反的，不論是透過表情、語言、動作等方式呈現出來，其目的都是在打破一般人所執著的觀念與知識，從而能處在身心清淨的狀態，才可能看到全新的、從未體驗過的實相。法師認為這是一位禪的修行者最基礎的修行條件與心態。

2. 長時間單純而專一的修行生活

其次，就是要不斷地修行，在非常單純的生活中不斷問自己：沒有生到這世界以前究竟是什麼？或是「我的本來面目是誰？」如此非常專一的參究這個問題，並且要持續修行一段很長的時間，漸漸地頭腦會變得非常寧靜、平穩，心中卻處在有一個問題始終無法解決、一直懸在心裡的境地。

例如在宋以後，中國禪宗大多以參「念佛是誰」為方法，不論在走路、吃飯、作務中都一直在問「念佛是誰」，終年累月過著非常專一而單純用方法的修行生活。

3. 要知教義、善言語、能感應

成為一位具足善巧領眾修行的禪師，一定要懂得佛教的教義，否則無法開堂說法；其次也要懂得講話的技巧，才能讓弟子領受其意。再者，更為重要的是禪師在師徒互動、弟子修行過程中，要能正確感應到學生當下

任何的身心狀況，並提供適切的幫助。

聖嚴法師認為「感應」是呈現出師徒間非常密切的相應狀態，但要同時具足以上三者，方堪成為能夠指導修行、接眾悟入的禪師。

（二）身心轉化的三個層次

聖嚴法師提到在接受以上諸多不合理的鍛鍊，以及長時間專一精進修行的過程中，修行者的身心必須經歷以下三個層次的變化，方堪稱為一位「師家級」的禪師。

1. 第一層次：面對自我懷疑、否定的矛盾與衝突

從一位普通的人，開始接觸禪門不合常理的修行與觀念時，會處處覺得無法適應、覺得很奇怪、感到陌生、甚至感到害怕。然而，禪的修行，一開始就是要把我們習以為常的自我觀念與行為統統放下，並逐漸離開熟悉的自我觀念、知識、名位。修行者一開始會因為無法預知擺下後會發生什麼不可控的狀況，心生畏懼而不敢擺下一切，或是想要放也放不下。

初修習禪法，必然經歷如上的內心自我矛盾、衝突的狀態，然而，若能堅持相信老師的教導、接受這些不合理的訓練，開始死心塌地的、慢慢地將熟悉的自我放

下時，就可能進入第二個變化。

2. 第二層次：看見與進入不一樣的世界

聖嚴法師提到：當修行者漸漸能把自己的常識、經驗、自我等執著擺下之後，行者所看到的世界、人、事、物，就會完全不同，已不是平常生活所見所聞的世界了。

例如學生在用功修行過程中，看到路上的車子，發現車子沒有走，是馬路在走；路人沒有動，馬路卻在動。然後跑去問老師，老師會說：「不奇怪，就是路在動嘛！」另一個學生可能會把掉在頭上的樹葉視為是他的頭髮，但他卻可能是一位出家人，諸如此類不合一般常理的身心反應。

當然，這些修行狀態不適合在日常生活中發生，而是要處在有一個很好、很安定的環境下密集的修行，才不會產生危險。

3. 第三層次：又回到正常的世界

如果沒有經歷第二層次，禪者身心還是容易受環境影響而有情緒波動。在經歷了第二層次之後，回到現實世界，外在環境還是與過去一樣，人還是人、樹還是樹，所不同的是，禪者已經沒有情緒的波動、不會受環境的影響而產生煩惱，自己也不會為其他人製造麻煩與困擾，即是進入了第三層次的境界。

可見第二層次的體驗是非常關鍵的，它跨越了第一層次的現實煩惱世界，也能帶入第三層次不受內外環境影響的身心世界。聖嚴法師說：一個禪的修行者，已經開了悟、成為禪師的人，他的生活、言行應該是非常正常、平實的，不會顯異惑眾的。

　　然而，聖嚴法師還是強調：一位開悟的禪者，要能成為禪師還是需要他個人的因緣成熟、有弟子跟他一起學習、或是在師父的道場成為助手，漸漸地才可能成為老師、禪師。法師因此提到，自己由於因緣成熟了才能遇到靈源老和尚，在禪修上得到一個入手處，再加上後來關閉修行、在日本禪修的因緣，到了美國又有弟子來向他學習禪法，才開始走上教禪、說禪、培養禪修人才等，漸漸被人稱為「禪師」之路。這條成為禪師的路程，法師認為也不是自己有意為之，就是隨著如上因緣之流就形成了。

第四章
確立師資培訓課程之核心目標

第一節　理想禪師的鍛禪手冊：《禪門鍛鍊說》

一、《禪門鍛鍊說》的重要性與寫作背景

（一）《禪門鍛鍊說》的重要性

　　從禪修師資培訓課程系列教材來看，一個非常值得注意的現象是：聖嚴法師一開始即以明末晦山戒顯❶的《禪門鍛鍊說》為第一份教材。這份教材相當具有代表性，它是明末時期教界大師們在面對如何改善禪門人才凋零、接眾手法過於形式化（死法）等問題時，提出了各種禪門鍛鍊手法的諸多著述中❷，幾乎是唯一專門以

---

❶ 筆者於行文中，亦用「戒顯禪師」。
❷ 釋聖嚴於《明末佛教研究》言：「對於鍛鍊禪眾及指導禪眾修行，著有專書或留有單篇專文者……明末禪者的特色之一，則為由於重視方法，各家競相撰集專書，且是如此的豐富，乃為中國禪史上從未有過的盛況。」（《明末佛教研究》，《法鼓全集 2020 紀念版》，第 1 輯第 1 冊，臺北：法

「住院師家長老」❸為鍛鍊對象的文本。聖嚴法師讀到這份文獻時感到非常地歡喜,而且視之為:「給住持禪林的方丈長老們編寫的一冊鍛禪計畫書」❹,對於已經是禪師的長老們是「極好的參考文章」,「應該三讀、多讀」❺。學者們對此文本的研究,不僅指出它是「明末三峰派一脈相承下的禪法思想與接眾手法」❻,於現代看來,亦具有「禪門修證的指南」、「禪師領眾手冊」的功能❼。

在晚明諸多檢視禪門時弊、提出各種因應之道的著述中,晦山戒顯的《禪門鍛鍊說》被聖嚴法師譽為不僅在鍛鍊學禪的後進時,兼具「毒辣鉗錘」與「善巧方便」之法,也指出晦山戒顯「反對默照禪的死守枯寂」,進而希望透過「模仿孫子論用兵之道的方式」,

---

鼓文化,頁88)

❸ 張雅雯,〈三峰派參禪鍛鍊:論仁山寂震之參禪第一步要訣〉,《法鼓佛學學報》第29期(新北:法鼓文理學院,2021年12月),頁144。

❹ 釋聖嚴,《明末佛教研究》,頁83。

❺ 釋聖嚴,〈《禪門鍛鍊說》要略 戒顯禪師〉,《禪門修證指要》,《法鼓全集2020紀念版》,第4輯第1冊,臺北:法鼓文化,頁252。

❻ 相關論述可參見釋見一,〈第四章 漢月之禪法與教學特色〉,《漢月法藏之禪法研究》,臺北:法鼓文化,2000年,頁65-107。

❼ 廖肇亨,《倒吹無孔笛——明清佛教文化研究論集》,臺北:法鼓文化,2018年,頁466、479。

提出他對於「訓練禪者的態度及經驗」。❽ 相較於諸家著述中「重講說」禪法的方式,《禪門鍛鍊說》五階段的「鍛禪」歷程,的確可明顯看出戒顯禪師更側重以「用」的方式來深化對「綱宗」的實踐,強調以實際的教學鍛鍊手段來「淬鍊學生的心法」,是「直指一心」、「直探本源」的靈活應現❾。筆者亦認為此文本幾可視為晚近以來,能真正鍛鍊出歷代祖師理想中「教觀兼備」的禪師的典範之作。

(二)《禪門鍛鍊說》的寫作背景與目標

晦山戒顯「嗣法靈隱寺具德弘禮,是明清三峰派的一位禪門健將」,亦被譽為「吾家龍門砥」,是「蔚起龍象,接武克家」的明清禪門人物。❿ 晦山戒顯晚年撰寫此文之前,即已是歷經:板首位、協助具德和尚的禪訓助手,後又在雲居道場任禪寺的住持,親自培訓禪門

---

❽ 釋聖嚴,〈《禪門鍛鍊說》要略 戒顯禪師〉,《禪門修證指要》,頁 251。
❾ 張雅雯,〈三峰派參禪鍛鍊:論仁山寂震之參禪第一步要訣〉,頁 144-145。
❿ 周玟觀,〈半生幸入三峰社——從晦山戒顯看清初遺民僧的日常生活〉,《佛光學報》新 7 卷第 1 期(宜蘭:佛光大學佛學研究中心,2021 年 1月),頁 37。

子弟等「鍛禪」經驗豐富的「師家」級禪師。⓫聖嚴法師更視之為「一位宗說兼通的了不起的禪匠」。⓬

戒顯禪師在〈自序〉中說明著述的目的,首先是「思人根無利鈍,苟得鍛法,皆可省悟」;其次看到禪門中「多執死法,不垂手險崖,雖有人材,多悲鈍置」;最終希望「老師宿衲」能「依此兵符,勤加操練,必然省悟多人,出大法將」。⓭亦在最後的〈跋〉言:

> 晚近禪門,死守成規,不諳烹鍛,每致真宗寂寥,法流斷絕,萬不獲已,立為新法,且作死馬醫。⓮

足見此雖為明末的文本,戒顯禪師的時代卻已呈現出:力求突破當時禪門中舊有的框架(死法)、創立

⓫ 《禪門鍛鍊說》:「余昔居板首,頗悟其法。卜靜匡山,逼住歐阜,空拳赤手,卒伍全無。乃不辭杜撰,創為隨眾、經行、敲擊、移換、擒啄、斬劈之法,一時大驗。雖當場苦戰,而奏凱多俘。用兵離奇毒辣,蓋至極矣。」(《新纂卍續藏》冊 63,第 1259 號,頁 774 中 20-23)
⓬ 釋聖嚴,〈《禪門鍛鍊說》要略 戒顯禪師〉,《禪門修證指要》,頁 251。
⓭ 《禪門鍛鍊說》,《新纂卍續藏》冊 63,第 1259 號,頁 774 下 3-4。
⓮ 釋聖嚴,〈《禪門鍛鍊說》要略 戒顯禪師〉,《禪門修證指要》,頁 250。

出新的、靈活的接眾手法（活法），以因應不同根器的學生，讓大多數經過訓練的學生都能有「省悟」的機會。若能依之作為現代禪修師資訓練課程的「禪師領眾手冊」，並以此來作為勘驗師資與禪和子的「修證指南」，庶幾或可於現代社會中培養出禪門理想中「師家級」的「大法將」人才，以弘揚漢傳禪佛教。

二、《禪門鍛鍊說》全文架構及內容重點

(一)《禪門鍛鍊說》全文架構

《禪門鍛鍊說》全文仿《孫子兵法》分為十三段，戒顯禪師的用意即在用「兵法」以喻「鍛禪」，重點在知「綱宗」而能「用」，依著自己一生的禪修教學經歷，創作了這篇包含「隨眾、經行、敲擊、移換、擒啄、斬劈之法」[15]的傳世之作。原文的十三段，筆者依其內容重點，類分為五個階段，茲簡述如下。

第一階段講「正本心源」，即首段的「堅誓忍苦」，主要是提醒領眾禪修的「師家長老」要清楚自己身負重任、要發大誓願。發大誓願後，第二階段講「善

---

[15] 引自《禪門鍛鍊說》：「乃不辭杜撰，創為隨眾、經行、敲擊、移換、擒啄、斬劈之法，一時大驗。雖當場苦戰，而奏凱多俘。用兵離奇毒辣，蓋至極矣。」(《新纂卍續藏》冊 63，第 1259 號，頁 774 中 20-23)

辨機器」，即原文第二、三段的「辨器授話」與「入室搜刮」，說明在開始鍛鍊「學者」前要先能辨識來參學者是那種根器，以及如何依根器「活用」「死法」。能辨明學生的身心狀態後，進入第三階段，則要用「斬關四法」，就是在密集禪期間的鍛鍊重點、方法與歷程，即原文第四至八段：落堂開導、垂手鍛鍊、機權策發、奇巧回換、斬關開眼。接著第四階段的「宗匠人才」，是強調所有的鍛鍊手法，最終目標是能培養出具「才」與「德」內涵的宗匠人才，即原文第九至十二段的：研究綱宗、精嚴操履、磨治學業、簡練才能。最後，才是進入付法的第五階段，即原文最後一段的「謹嚴付授」，提出堪能付授者的條件，以及總說十三段中最難做到的是：重綱宗、勤鍛鍊、持謹慎。

（二）《禪門鍛鍊說》內容重點

　　筆者將以上段落，再細分出各段落的內容重點，並簡列為「《禪門鍛鍊說》內容整體架構表」如下：

表 4-1：《禪門鍛鍊說》內容整體架構表 ⓰

階段	原文篇名	內容重點
一、正本心源	1. 堅誓忍苦	1.1 身為長老的責任：人天師範、開人眼目 1.2 要發大誓願方堪忍此重責大任
二、善辨機器	2. 辨器授話	2.1 說明「臨濟四料簡」來辨驗學者之根器 2.2 末法眾生之根器宜在死法中活用 2.3 關鍵在「師家」的條件 2.4 入禪堂後依根器而用不同的話頭
二、善辨機器	3. 入室搜刮	3.1 示參話頭二種方法：和平與猛利 3.2 指出使用二種方法的時機與利弊 3.3 提醒長老鍛鍊時要「苦、深、嚴、細」 3.4 在識人純熟後才行「逼拶」之法 3.5 指導如何「搜刮」參學者的身心狀態
三、斬關四法	4. 落堂開導	4.1 指出在禪堂的開示非常重要 4.2 闡明開示的時間要一日三次 4.3 堂上開示要達到：悚立志、示參法、警疲怠、防魔病之四個功能
三、斬關四法	5. 垂手鍛鍊	5.1 強調長老具「鍛鍊」能力的重要性 5.2 舉明長老「鍛鍊」之法的要點：時刻在堂隨眾作息、善用竹篦點撥、掌握經行要領 5.3 於其中視時機問答、鬆緊得宜

⓰ 此表格的整理，主要是依據：聖嚴法師〈《禪門鍛鍊說》要略　戒顯禪師〉，《禪門修證指要》，頁 217-250 之節錄與標點本為參考文本。表格中，「階段」及「內容重點」之標題與內容，為筆者依原文內容文字而編寫之綱目與大要；「原文篇名」則為戒顯禪師所列十三段綱目之名稱。

	6. 機權策發	6.1 要能活用「逆、惡、威、權」 6.2 提醒坐香、行禪的調節得宜以利禪者 6.3 深明鍛鍊者身為「善知識」的真實內涵
	7. 奇巧回換	7.1 列舉諸祖活用機鋒棒喝之道 7.2 運用「逼拶」、「機鋒」、「回換（轉語）」的時機與重要性 7.3 切忌嚴規肅矩成為「死法」
	8. 斬關開眼	8.1 指出「斬關」的先決條件在能活用以上四法（開導、策發、逼拶、回換） 8.2 善鍛鍊者要能：細、繁、周、備 8.3 以「殺活自在」為接眾令悟的關鍵 8.4 學家端靠師家善「鍛鍊」而成才
四、 宗匠人才	9. 研究綱宗	9.1 強調「根本」與「綱宗」的重要性 9.2 根本既明，當更依止師承，繼續用功 9.3 師家者更應為之「妙密鉗錘……令透綱宗眼目」
	10. 精嚴操履	10.1 唯「解行互資」，才能知綱宗 10.2 強調「三學并行」、「貴知見不貴行履」 10.3 不明綱宗，易入二歧路 10.4 明師承「正」與「不正」的功過 10.5 期許應潛行用功數十載、老而不倦
	11. 磨治學業	11.1 釋「參學」真義，不可單參而廢學 11.2 強調學者仍應「戒」、「經」不可偏廢 11.3 唯具以上「內涵」者方堪「利生」之事
	12. 簡練才能	12.1 論「才」與「德」的重要性 12.2 對根本綱宗已明者，更應在才與德上培養 12.3 透過歷經叢林各執事，方可「陶鍊德器，博綜智能」

		12.4 舉其即因經過板首的訓練，今方能鍛鍊學人
五、謹嚴付授	13. 謹嚴付授	13.1 言明「雖人人可省發，而不必人人可付授」 13.2 提出堪付授的條件（資質）：「道眼可以繩宗祖，行德可以範人天，學識可以迪後進，爪牙可以擒衲子。」 13.3 提醒「忽鍛鍊」易有「濫觴」之過，太慎又有斷絕之憂 13.4 禪門「寧慎無濫」、「寧少而眞，毋多而僞」 13.5 小結：此中難行者有三：重綱宗、勤鍛鍊、持謹慎

以上詳細的內容，可參閱戒顯禪師非常詳盡的說明文字。簡要言之，《禪門鍛鍊說》類似現代語言的「教師手冊」，首先要身爲人師者清楚自己的角色任務，再以「身教」（人天師範）教化學子能朝向「明心見性」的目標（開人眼目）用功。爲達到這艱難的任務，就要先發此大誓願，以讓師者可以在鍛鍊學子的過程中能堅持到底、不忘初心。

在有了這些心理認知與準備後，戒顯禪師進一步說明進入禪堂鍛鍊前，要先了解這些禪眾，包括他們的學前經驗、過去學禪的歷程、對禪修方法的熟悉度，以及過去的修行過程中所面臨的瓶頸等等。這些資訊的來

源,可以藉由與學生的言語問答、交流互動之中了解與掌握。

在進入真正鍛鍊期間,師家要有教學設計、妥善安排坐香時間,更要能隨眾作息。其中的關鍵在於「因材施教」:依著學生不同的根器與身心現況,用正確而適合他們的「鍛鍊手法」,進行「知、情、意」的開導、策勵、逼拶或轉化他們的身心狀況。最終的目標是:令學生能有「煩惱頓斷,得見本來面目」的深刻經驗與體證。

戒顯禪師在文末的第十二、十三段中也承認:雖然目的在鍛鍊宗匠人才,卻明白不是人人都有這樣的根器承接法脈,也不是在禪堂密集的修行後就能棒喝出「才德兼備」的人才,故而更強調師家還要讓學生去承擔叢林寺院內的諸種生活執務,以進一步長期地鍛鍊出堪能弘化利生、令宗門之「正法眼藏」得以久住的宗匠人才。

第二節　以學習祖師的「精神」為核心目標

一、立下核心的學習目標：學習祖師的「精神」

聖嚴法師何以要在 1981 年開始安排這系列的師資培訓班呢？從法師在《禪門鍛鍊說》第一份文本❶中可以發現，這是由於當時禪中心——東初禪寺——剛開始營運與起步階段，雖然大家盡可能集思廣議的用了各種不同的方法來經營、維持與發展，但當時還是處在人力不足、人員流動大、經濟來源太少的「最困難」階段。聖嚴法師雖然覺得「每星期都有新人進來」，懷抱著「禪中心是欣欣向榮的」、「前途是非常樂觀的」心情。但是，為了能進一步凝聚核心成員對禪中心的向心力與穩定力，聖嚴法師於是開始了他口中所說的「精神的 Training（訓練）」——「師資培訓班」。

何以將培訓課程稱為「精神的訓練」呢？聖嚴法師是希望透過課程中介紹禪宗的精神領袖級人物、從祖師

---

❶ 參見「附錄 1」，分類－編碼為「訓練禪師 T1」。開示日期為：1981 年 5 月 20 日，開示地點為東初禪寺，英文口譯為王明怡。

們的修證經驗或著述中所呈顯出來的「視復興宗門為己任」的精神,而讓這些經過他核可參與培訓課程的資深成員,能深入認識與明瞭身為帶領禪眾修習的指導者,應學習祖師們復興宗門的精神,並以推動漢傳禪佛教為己任。聖嚴法師希望學生們不只是在金錢上、體力上的護持,更要在接受這樣的「精神訓練」後能「打起精神來」,並且「在精神上能傾向於禪中心」、視禪中心如「自己的家」一樣,不論發生任何事、有任何需要,都能當作是自己的事一樣的熱心、關心、支持、參與與推動。[18]

另一方面,早在1977年聖嚴法師辦了第一次禪七後,就發現參加禪七的西方眾不僅全心投入用功、完全相信法師的教導,而且還能有非常深刻的體驗。當時即已深有所感:

> 一位名叫史蒂文生(Dan Stevenson)的青年,悟性之高,用功之力,使我想到太虛大師環遊歐美時所說的一句:「西方有聖人之材而無聖人之學。」一旦他們有了成為聖賢的學問和方法,西方人似乎

---

[18] 節錄自「附錄1」,分類－編碼為「訓練禪師 T1」之整理文字。

比東方人更有潛力。這也使我奠定了繼續在西方弘揚佛法並傳授修行方法的信念和心願。❶

因為體認到「西方有聖人之材而無聖人之學」、西方人潛力不亞於東方，以及經由幾年所建立起來深厚的師徒情誼，的確不難理解，聖嚴法師開辦禪修「師資培訓班」一開始就立下了課程的核心目標：教導這群西方弟子認識與學習祖師的「精神」與「教法」，並且對於他們在「禪中心」能扮演的角色感到非常樂觀、寄予很深的期許。因此，以聖嚴法師對諸多「鍛鍊手冊」的熟悉程度❷，即從所有鍛鍊書中，選出唯一以培養「師家級宗匠人才」的《禪門鍛鍊說》為第一份教材，傾盡心力教授戒顯禪師「鍛禪」的精髓與方法。

關於聖嚴法師所講述的《禪門鍛鍊說》文本，目前可以看到的錄音檔逐字稿有六篇，講述內容為原文十三

---

❶ 釋聖嚴，〈夢中人的夢話〉，《禪的理論與實踐》，頁 61。
❷ 釋聖嚴，〈第一章 明末的禪宗人物及其特色〉，《明末佛教研究》，頁 80-88。法師有言：「明末的禪者們，也多重視鍊人的方法……對於鍛鍊禪眾及指導禪眾修行，著有專書或留有單篇專文者……明末禪者的特色之一，則為由於重視方法，各家競相撰集專書，且是如此的豐富，乃為中國禪史上從未有過的盛況。」法師於該文中即羅列與介紹各專書的內容與特色，足見其早在留學日本時期，即已熟知相關內容。

段中的第二至第六段。❷然而，從第一份文本中的開場文字內容來推斷，資料庫可能遺失了第一次講課的第一段內容的錄音資料。❷因此，筆者本章內容所參照的文本資料，是從《禪門鍛鍊說》的第二段：「辨器授話」開始，總計為六份文本資料。另外，這主題只講到第六段就結束的原因，筆者推斷應是協助英文口譯的王明怡可能無法繼續參與，或者有其他不可考的因素出現，致使聖嚴法師在講完第六段後，就進入下一階段的次第禪觀與禪宗祖師系列教材了。但，就教授「禪修師資應具備的心態、知見與方法」而言，目前可見的六份文本所記錄的內容已非常豐富，故下文即以之為分析的主要材料，再參照戒顯禪師的原文做補充說明，或比較二者在詮釋上的偏重之處，以及聖嚴法師現代詮釋的特色。

---

❷ 可參考「附錄1」，分類－編碼為「訓練禪師 T1」至「訓練禪師 T6」相關的開示日期。

❷ 參見「附錄1」，分類－編碼為「訓練禪師 T1」，聖嚴法師於本次課程的開場提及：「上一次我們講了一段，講的是忍苦，今天講第二段。」以此推知尚有一份錄音文本，但關於所提「忍苦」的內容資料，目前「聖嚴法師數位典藏資料庫」尚未查找到此一實體文本，疑似遺失，僅在目錄上存取檔名，屬於文獻中的「存目」（目錄保存，但無資料內容）記錄。

二、聖嚴法師的詮釋內容與特色

(一) 要「鍛鍊」老師具備讓學生「很快」得「大」利益的能力

綜觀《禪門鍛鍊說》全文，其核心主題即在「鍛鍊」一詞，而鍛鍊的時機地點是在禪堂長期、密集的修行期間，用的方法主要是臨濟的話頭禪。「鍛鍊」的主要對象不是正在禪修的大眾，而是帶領大眾禪修的老師，聖嚴法師則進一步強調「鍛鍊的目標」在於：

> 鍛鍊作老師的人怎樣子去訓練他的學生，使得學生能夠得到很快的，而且很大的利益。[23]

從中可以看到，聖嚴法師提出了「鍛鍊」的兩個層面：首先鍛鍊「老師」的禪修能力，其次就是鍛鍊出老師有能力訓鍊「學生」，這個能力表現出來的結果就是「能讓學生很快得到利益」。戒顯禪師的《禪門鍛鍊說》其實就是圍繞著老師與學生兩個層面，對於師徒互動間、師家的接眾手法提出了極為細膩且具體的五個階

---

[23] 參見「附錄1」，分類－編碼為「訓練禪師 T1」。

段「鍛鍊」之法。

何以聖嚴法師非常強調老師對學生的訓練,是要有效果的、得到利益的,而且是「短時間內」有「大」的受用呢?畢竟,於原文中戒顯禪師沒有特別強調這點。筆者判斷這與聖嚴法師在靜安佛學院「坐到驟年都無效」的禪修經歷[24],以及觀察到現代人,尤其是西方社會人士,已經無法如中國傳統叢林裡長年累月的參禪修行有關。因此,領眾者需要在短時間的禪期中,就能讓修行者感受到禪修的好處、對他產生了實質上的幫助等,學生才會產生信心而願意持續的修行。

(二)選「對的學生」就是「加倍」的力量

要鍛鍊「老師」具有什麼樣的能力,才可以讓學生受益呢?戒顯禪師提到:雖然宋以後、末法眾生都是用的「死法」,但若能「善用」之,就能在「死法中,自有活法」,而這「活法」首重「辨機器」,就是先學會且能夠善於辨別前來參禪的學生的特質。

聖嚴法師認為:作為一位禪師,要非常謹慎、仔細地選到好的弟子來加以訓練。例如兵不在多,而在精;

---

[24] 參見本書第三章第一節之相關內容所述。

如果兵多卻不會打仗，這個軍隊、將軍就很糟糕，所以練兵要練精兵，能一個抵十個、以一擋百。所謂好的弟子，聖嚴法師的詮釋是：發大願心、具大信心、有決心來精進用功的，而不是好奇、來看一看的學生。前者可以讓全體學生力量凝聚、更精進地用功，後者反而易造成用功的力量被分散、也浪費了老師的時間與精力。所以，早期的聖嚴法師是主張從嚴錄取參加禪七的學生，希望讓參加者能生起「稀有難得」的珍惜心與精進力，甚至因此而減少舉辦禪七的次數。對於後來為了接引更多的人進入禪中心，慢慢變得開放更多人參加、選擇標準愈來愈低的狀況，聖嚴法師自己也覺得是件很可憐、又很無奈的事。㉕

（三）建立美國弟子成為禪門「宗匠人才」的信心

相較於戒顯禪師提到的：盛唐時期，禪師眼明手快、弟子善根深厚，師徒間互動靈活、單純，弟子領悟快而徹底的「殊無死法」，宋以後則「參禪用話頭、死法立矣」的狀況，聖嚴法師又怎麼看待美國當時的禪修環境呢？從文本可見：

㉕ 節錄自「附錄 1」，分類－編碼為「訓練禪師 T1」之整理稿。

美國佛教目前雖沒有唐朝那樣興盛，人才也沒有那麼多，可是也有一些人才要比宋朝時還好。所以我對美國不失望，我覺得美國的前途希望很大，而選擇人來訓練的這個可能性和範圍也非常大，機會非常多。因此，對今後美國的訓練，應該從精、從簡著手才好。……我曾講過，有一個人或者有兩個人能夠得大力、得大用，在美國的話就會有結果，就會傳播開來、打開來。❷⓺

其實，若作為一位在現場聽到老師這麼說的美國學生，相信會立刻感受到老師的肯定與鼓勵，對選擇跟隨這位老師感到慶幸而不後悔、覺得更應該努力精進用功、也對自己在禪修上的體驗有信心。足見聖嚴法師對於美國人的「聖人之材」是予以肯定的態度，也常在課程中提供「聖人之學」，不斷鼓勵學生們以禪師、祖師的修行精神自勉，更希望他們能擔當起弘揚禪法的重責大任。

---

❷⓺ 節錄自「附錄 1」，分類－編碼為「訓練禪師 T1」。

（四）要全面認識與掌握學生的「學前經驗」與「學習狀態」

當然，要能擔當重任，還是需要經過「鍛鍊」的。既然已經選對了學生，入堂之後，就要能用各種方式（目視、口問、身巡等）來了解這些學生進入禪堂修行前的身心狀態。包括學生的姓名、性格、參話頭的程度等。在禪期間，要時刻留意學生在用功時的每一個變化、是不是會用功、是不是真正的在用功。進而能：

> 完全清楚以後，在用功的期間……個別的擊破、個別的指點。雖然是個別的指點，但是每一個人聽的時候都有用，都有策勵、勉勵的作用。或者是小參時個別指導。這樣一次又一次的幫這個學生的忙，這群學生就會很快的得到力量。㉗

要能夠做到這樣，老師其實是必須隨時跟著大眾在一起的。戒顯禪師就特別重視禪師要能時時在禪堂裡、時時留意每一位修禪者的每一個狀態，才可能依每個人不同的狀態給予不同的指點。也就是說，即便大家都在

㉗ 節錄自「附錄1」，分類－編碼為「訓練禪師T1」。

用參話頭的方法（死法），卻因為能夠依時機而靈活運用、指點參話頭的不同層次，能把「死法」轉成「活法」來用。㉘對於末法時代的眾生，這才是能真正應時應機「鍛禪」的禪師，卻也是最辛苦而不易做到的「師家級」禪師人才。

聖嚴法師在早期的禪七期間，就曾用這樣全程親自帶領的方式，帶出了一批又一批能深入體驗漢傳禪法的西方學子。弟子們在心得報告時都表達了他們的體驗與感動，當然，這也讓聖嚴法師在每帶完一次禪七後，如同生一場大病般，需要休息一段時間調養身心。㉙

（五）以現代口語化方式解釋「落堂開導」的內容

戒顯禪師非常重視禪師在堂上的應機開示，強調每天至少要有三次或三次以上對禪眾們講話，可以在坐中、立中、動中適時開示。將開示內容類分為「悚立志、示參法、警疲怠、防魔病」四種，以期能隨時處理禪修者出現的任何身心狀態，或是令其能得個入手處、

㉘ 參見釋聖嚴，〈《禪門鍛鍊說》要略　戒顯禪師〉之節錄與標點本：「主法者欲令禪眾開廓本有，透脫牢關，不得不用死法，時代使然也。然不善用，則雖活法，皆成死法，能善用之，則死法中，自有活法。活法者何？辨機器是已。」(《禪門修證指要》，頁219-220)

㉙ 參見釋聖嚴，〈夢中人的夢話〉，《禪的理論與實踐》，頁65-68。

省悟處。

為何在大家用功時,還要一直講話呢?聖嚴法師解釋:

> 隨時要講話,這個講話不是製造噪音、不是打擾,而是激發大家,讓大家能夠心理很穩定,而且很精進地在用功。㉚

然而,聖嚴法師也提醒不能亂講話:「不要吹牛說自己懂多少、曾經如何如何、不要講公案、故事,也不能講佛學的理論,因為這些都是障礙和破壞大家修行的」。講出來的話,是要能讓禪眾有一種策勵、激發、幫助的作用,聽完後覺得很有精神、打坐得很舒服、時間過得很快的感覺。如果讓禪眾心裡老是在想哪個故事講得好、公案很有道理,反而是起了反作用了。㉛

要講哪些話才能對禪修者發揮好的影響力呢?筆者將聖嚴法師用現代白話、口語的方式解釋這四類開示,提綱挈領地列出如下:

㉚ 節錄自「附錄1」,分類-編碼為「訓練禪師T3」。開示日期:1981年6月10日。
㉛ 節錄自「附錄1」,分類-編碼為「訓練禪師T3」。

1. 持續發願，心力不退（悚立志）。2. 常常提醒參話頭方法上會遇到的問題（示參法）。3. 提起精神，對治昏沉與散亂（警疲怠）。4. 防止心理與生理的幻覺（防魔病）。這四類開示內容，也成為聖嚴法師自開辦禪七以來，一直非常重視與強調的基礎內容。

　　第一類的持續發願，聖嚴法師提到他常常在禪七中要求：在每一次坐上蒲團前，要先發願；打坐過程中，心力提不起來時，要發願；打坐腿痛或想動時，要發願等，用發願來提起修行的正念、心力與持久力。

　　第二類主要是針對用話頭的方法，看到大家用話頭出現問題時，能隨時提醒參話頭正確的觀念與方法：

> 不可以自作主張、不可以自求答案、不可以把它當歌來唱、不可以把它當成念咒語。一次又一次給他開示：要一心一意，把全生命投注進去，要去找答案，但這個答案要它自己出來，不可以自己給它答案。這樣一次又一次地講。❷

　　第三類是提起精神的方式。早期聖嚴法師面對學生

---

❷ 節錄自「附錄1」，分類－編碼為「訓練禪師T3」。

出現身體的疲累，還是會嚴格的要求用：跪、站、眼睛睜大、打香板等方式，以激勵禪眾提起精神用功，但也會提醒老師們應視不同學生的不同狀況調整鬆緊之法。

至於心理上的疲累，聖嚴法師告訴這些老師們，可以練習用以下兩個層次的觀念來引導禪眾提起心力用功。第一層次是：

> 我們身體的能力是無限的、體能永遠也不會用完；我們的身體跟宇宙是在一起的，宇宙有多少力量，我們就有多少力量，永遠不會疲倦，疲倦的是你的心。你只要想到你的身體是與宇宙同體，你就不會疲倦，宇宙一切的力量就會變成你的力量。❸

法師指出這些提醒的話語，要在禪期數日後，禪修者身心已經習慣了作息，他們才會聽得進去、才會相信這些話的，否則在第一、二天身心極為疲累時這麼說的話，是無效的。第二層次，則可以再進一步說：「古佛都是不眠不休的精進用功，從來沒有想到疲倦的問題」，用此來激發禪眾向古佛看齊而能提起心力用功。

---

❸ 節錄自「附錄 1」，分類－編碼為「訓練禪師 T3」。

因此，時間不同，要用不同的善巧方法讓禪眾消除身心的疲怠。

第四類有關身心的幻覺，即是生理與心理的病，聖嚴法師用比較白話的、現代人用功時會出現的反應來作說明。指出幻覺產生的原因：大多是因為方法用得太緊而出現的狀態，例如：參話頭太用力，或是數呼吸時憋氣等等。

概括而言，聖嚴法師提醒：作為一位老師，要能隨時辨明哪些是生理的毛病，要用什麼方法、話語去緩解禪眾的狀態。哪些是因為心理上的執著與追求悟境，而造成更深層的、心理上的幻視與幻聽出現等。因此，作為禪修老師一定要有能力協助禪眾能夠認識與解決這些身心的狀態。

從以上所節錄的這四類「落堂開導」口語化的解釋，可知聖嚴法師早在1981年這系列的課程中，即已教導得非常具體、仔細而實用，同時也已完整建構了法師禪修教學的基礎教材內容。

（六）「鍛禪」的關鍵：切忌落入「死法」

聖嚴法師用了六次、每次將近兩個小時的時間，非常具體而微地把《禪門鍛鍊說》講解得非常仔細，部分

內容則以實際禪期中,禪眾的身心狀況等具體例子補充說明,兼述其個人的觀點。

特別是對於「死法」的判別上,聖嚴法師舉了在日本禪寺的例子。日本現在還有一、二個禪寺仍以傳統的模式來考驗修道者參加禪期的決心,對每一位來求掛單參禪者都用固定的模式:第一天不給住也不給吃,讓他站在外面一整個晚上;第二天若還在,就只提供一餐、住一晚,仍要趕走對方;第三天若見對方整晚在打坐沒有躺下來睡,才允許進入禪堂參加禪期。聖嚴法師對於日本這種重複同樣模式的考驗方式,認為當大家都知道只是一個形式化的流程後,容易變成模仿固定的動作、心想只要堅持三天就可以過關了,易淪為「演戲」般「儀式化」的互動模式,其實這樣就變成「死法」了,對於禪修者與禪堂接引大眾而言,是沒有什麼效果與意義的。❹

因此,聖嚴法師雖然因為禪七次數與人數漸多,也漸漸制定了固定的作息表、規矩與開示內容,卻一再強調要讓禪修者得到大利益的關鍵是在「老師」、「教授手法」的「靈活運用」,而不是死守形式化的儀軌、流

---

❹ 節錄自「附錄 1」,分類－編碼為「訓練禪師 T1」。

程、用語。㉟例如在修行者參話頭時,雖因根器而分猛利參與和平參兩種,卻要能在數日中觀察禪眾的身心變化、疑情是否生起、疑團的深淺等等的狀況下,適時轉變他們用功的方向,切忌模仿禪宗文獻中的公案故事,或是在沒有全盤掌握學生當下的狀況時,便肆意使用逼拶、棒喝、打罵等激烈手段。

　　有關如何運用話頭、深入參話頭的方法等,基於非本研究之主題範圍,僅能點到即止,有待未來因緣作進一步的相關研究。其他例如:經行時,如何鬆緊得宜的鍛鍊修行者;是否建議通宵徹夜地用功、不睡覺等等的說明,於此則族繁不及備載。

三、可成爲一本嚴格而有用的「鍛禪計畫書」

(一) 禪的訓練重在「逆」與「惡」

　　總括而言,早期的聖嚴法師對於戒顯禪師「鍛禪」的態度,是非常認同的。尤其在詮釋鍛禪手法的「逆」與「惡」時㊱,可以看到法師對於身爲一位領眾參禪的

㉟ 亦可參見戒顯禪師所言:「鍛鍊不用威,則禪眾疲怠無由策發,必不能使透關而徹悟。策發不用權,則嚴規肅矩,祇成死法,亦不能使憤厲而向前。故鍛鍊一門,事有千變而機用至活也。」引自釋聖嚴,〈《禪門鍛鍊說》要略　戒顯禪師〉,《禪門修證指要》之節錄標點本,頁 230。

㊱ 戒顯禪師:「天下凡事利用順,而獨禪門利用逆,爲人治事喜於善,而鍛

指導者，是抱持著「嚴師出高徒」的態度：

> 作為一個老師的人，在訓練人時要越嚴越好，如果要求不嚴格，作為一個老師絕對不會成功的。作為一個老師，心是慈悲的，但是他的手段應該是非常毒辣的，不要姑息、不要覺得弟子恐怕受不了，所以在嚴格的情形之下訓練出來的人，才是最好的。㊲

因此，聖嚴法師認為：禪的訓練，不同於平常的人、平常的事以「順」、「善」為主，禪的訓練要用「逆」的方法，如此才能使人逆水而上游。法師於課程中以「魚逆水產卵」為例說明：當魚逆著河水向上游時，逆水越急，這個魚越健康；往上游得越高，產的魚子不僅多而且安全。另一方面，禪的訓練，也要用惡的手段、惡的面孔、惡的語言，使得人生起憤怒心（大憤心）而能更精進用功。

鍊學人則喜於惡。不惡，不足以稱天下之大善也，不逆，不足以稱天下之大順也。」引自釋聖嚴，《〈禪門鍛鍊說〉要略　戒顯禪師》，《禪門修證指要》之節錄標點本，頁230。
㊲ 節錄自「附錄1」，分類－編碼為「訓練禪師T6」。開示日期：1981年7月22日。

聖嚴法師指出：「逆」，是增加修行者的力量；「惡」，是增加他奮鬥的意志力。前者是能讓修行者往上奮發努力的力量，後者是能讓他繼續不斷、不會中途灰心的意志力，二者有所不同的。唯，這兩位古今禪師級的老師，最後仍強調：「鬆法」與「緊法」要能交互靈活運用的共同原則。

（二）珍貴而唯一的「鍛禪計畫書」

從這六份文本看來，聖嚴法師在詮釋《禪門鍛鍊說》中，講解分量最重的是「落堂開導」的四類開示內容，指出禪師在禪堂內不僅要將全部的身心都放在學生身上、對學生有透徹的了解，重要的是針對學生不同的狀況給予合宜的開示、教導，才可能讓學生在短時間內得到很大的利益。在詮釋的過程中，可以感受到聖嚴法師竭盡所能的運用口語化的用詞、現代的譬喻、現場問答等方式，試圖讓這些西方弟子多少能領略到《禪門鍛鍊說》中，所呈顯出的漢傳禪法的教法特色與內涵。

綜觀聖嚴法師一生的禪修教學，不論是在東方或西方，以《禪門鍛鍊說》為首選的授課教材，的確是法師所有禪修師資教學內容中「最特殊」與「唯一」的一次，至今再也找不到這樣完整的、如法師所言的「鍛禪

計畫書」般的教材與內容了。尤其又是法師親授、講解、叮嚀、具體而完整的文字記錄，確實彌足珍貴。雖然解說的時空背景遠在1981年的美國、教導的對象是西方在家弟子，然而，對於法鼓山所有帶領禪修、禪七的老師，特別是訓練成為禪門「師家級宗匠人才」而言，是非常重要的教材。筆者認為，此教材不僅是值得帶在身上隨時拿出來參考的教學手冊，更是可用作核對禪修師資們於禪期中的教禪手法與禪法內容，是否符合「中華禪法鼓宗」禪風特色的重要依據。

　　承上所言，聖嚴法師一開始帶師資培訓的課程就用了最高標準的教材，卻也因為一些不明的因素，只講解了《禪門鍛鍊說》一半的內容。除了可能是譯者王明怡無法繼續協助外，筆者在研讀《禪門鍛鍊說》後半段的內容時，心中的揣測是：聖嚴法師可能發現這些內容對於西方弟子而言，在語言、文化、時空上有一定的距離，不易在短時間內，讓不同文化背景的弟子能夠完整理解明清時代、三峰派的「綱宗」內涵，所以可能最終選擇只採用前半段的內容為教材。

　　若要實現師資培訓課程的核心目標，仍需要靠紮實的禪修基礎功。在《禪門鍛鍊說》系列課程告一段落後，聖嚴法師直接從中國禪宗的頓法（參話頭的方

法），轉向漸法的教授，即：印度佛教傳統的次第禪觀。從這些次第禪觀的教學文本內容，可以看出聖嚴法師在解釋、教導內容與方式上，有與傳統教學相同之處，卻也可以發現到一些屬於法師個人的取捨與不同之處。下文即是要探討聖嚴法師在師資培訓課程中，另一類教材文本的內容與特色。

第五章
從次第禪法至頓悟禪法的教學內容與架構

第一節　以傳統「次第禪觀」為基礎

一、開課緣起與文本演變

　　從聖嚴法師的禪修經歷可知，法師對於在禪修過程中「沒有人教方法」、「沒有系統的禪修訓練」是非常在意、也非常重視的。因此，在美國教禪時，就強調禪修「必須要講方法、必須要講層次，使得現在的人能夠很快地得到益處」。❶這些方法、層次的教導，的確可以在聖嚴法師早期的禪修著作中看到，例如最早寫了〈坐禪的功能〉、〈從小我到無我〉以「作為教授修行

---

❶ 參見本書「第三章第一節之三、禪修經歷對聖嚴法師的影響」所述的內容。

方法的輔助教材」❷，於 1981 年結集各教學內容的《禪的體驗》之〈禪的入門方法〉❸，就已有基礎而次第的教學方法記錄，這些內容也成為法鼓山後來的「初級禪訓班」定案版的基礎內容。作為禪修師資，則需要更深入了解這些入門方法的源頭，以期能結合傳統禪法的「次第禪觀」教學內容於未來禪修課程的帶領中。

　　早期開辦的禪修師資培訓課程，聖嚴法師一開始要培養師資的能力，就是要能帶基礎打坐班、成為禪中心的初級禪訓班師資人才。❹可以從「附錄 1」看到屬於基礎而「次第禪觀」的課程主題，自 1982 年起依序為：數息法、隨息法、觀丹田法、不淨觀、慈悲觀、因緣觀、界分別觀、念佛觀。除了中國道家的「觀丹田」外，其餘皆為印度傳統禪法的「五停心觀」，以及 1984 年補講的「四念住」。

　　至於聖嚴法師對這批授課內容記錄的後續處理，筆者依目前可以查找到的文本演變，茲簡述及略為比較如

---

❷ 釋聖嚴，〈自序〉，《禪的體驗》，頁 2-3。
❸ 釋聖嚴，〈自序〉，《禪的體驗》，頁 3。
❹ 參考自「聖嚴法師數位典藏資料庫」之 1999 年 5 月 18 日「師資培訓班」內容：Shih Fu's talk: the purpose & direction of the training program。此為第二階段的培訓課程，第一堂課開場，聖嚴法師有提到早期曾開辦過「師資培訓課程」的目的。

下文。

　　於1982年4月28日星期三傍晚開始，為「師資培訓班」的學生講授「五停心觀」內容，直至同年的6月23日圓滿了五次的教學。直至1994年，聖嚴法師依信徒所謄錄的這批錄音稿，重新增刪內容、再廣集相關資料後重寫為：〈「五停心觀」修行法〉一文，今收於《禪鑰》中。❺1984年講的「四念住」，聖嚴法師也依所謄錄的錄音稿，於1993年後增修為〈四念處〉一文，今收於《禪的世界》中❻。

　　綜上所述，參看後期整理成完整文章的內容，自然是理論與實用兼備，用詞也簡潔易懂、邏輯清晰明白，讀者可以自行參照，筆者於此則省略不再贅述相關的內

---

❺ 釋聖嚴，〈「五停心觀」修行法〉，《禪鑰》，《法鼓全集2020紀念版》，第4輯第9冊，臺北：法鼓文化，頁50。筆者於此採用「聖嚴法師數位典藏資料庫」所編之日期為主。聖嚴法師於〈「五停心觀」修行法〉的說明：「由於時間太久，若干部分已經失磁，加上我在授課之時未曾廣引禪觀的經論典籍，故除數息觀及不淨觀的兩節略予刪增之外，其餘各節全部由我廣集相關資料，重新寫了一遍。此文對我自己有用，對於關心禪觀修學的緇素四眾應該也有鼓勵及參考的作用。」（1994年5月24日深夜記於美國紐約東初禪寺）故，聖嚴法師重寫的為：慈悲觀、因緣觀、界分別觀。此文較特別的是，聖嚴法師把數息觀分為三類：數息、隨息、觀丹田。

❻ 釋聖嚴，〈四念處〉，《禪的世界》，《法鼓全集2020紀念版》，第4輯第8冊，臺北：法鼓文化，頁22-28。

容。但,相較於後期出版文字的理性,可以發現第一手文本內容反而較能呈現師徒之間生動地教學互動過程,此具體而生動的教學示範,讓禪修師資們可以直接從中學習到教禪的具體觀念與操作方法。筆者將這些資料,選擇文脈內容較完整的文本,整理成〈附錄4:聖嚴法師「五停心觀」教學內容摘錄〉、〈附錄5:聖嚴法師「四念住」教學內容摘錄〉,用以呈現聖嚴法師早期的禪修教學風格、教法與內容的特色,並簡析如下章節。

至於「不淨觀」與「慈悲觀」二大主題,可惜的是第一手文本的內容結構不甚完整、記錄上也有所缺漏,故於此略而不述。

二、「次第禪觀」教學內容與特色

(一)現場直接操作與實驗教學

俞永峰曾指出聖嚴法師最早的禪修教學,是屬於「實驗期」,常在不同的禪修教學場合教授各種不同的方法。[7] 筆者於這些師資培訓課程文本中的「次第禪觀」課程內容,亦頗能感受到聖嚴法師的實驗精神。法師不僅是教授不同的觀法,甚至會在同一個觀法中,衍

---

[7] 俞永峰,〈聖嚴法師與禪宗之現代化建構〉,頁147-148。

生出各種小技巧或方便法讓學生練習，尤其是在指導師資們「五停心觀」的方法時。現場口譯與一些學生，也在教學過程中不斷提出一些操作上的技巧、訣竅等問題，文本中呈現出相當生動有趣的師徒互動交流的畫面感。

例如在「數息觀」的教學，聖嚴法師早期教的數息觀，是把數息、隨息、觀丹田三者都納為「數息觀」用的方法。甚至提到在教導「經行」時可以試著加入數息的方法，能從文本內容用語中感受到現場是有「跨出去一隻腳」練習的感覺：❽

> 你把這個腳，走一步的時候，跨出去一隻腳吸氣，再提起來的時候呼氣。跨出一隻腳吸氣，提起來的時候呼氣，可以這樣子做。經行的時候，吸氣、呼氣、吸氣、呼氣，就是說……吸氣……呼氣，然後吸氣……呼氣……吸氣……呼氣。
> 翻譯：師父這樣又不同……。
> 師父：吸氣、呼氣、吸氣、呼氣……。
> 翻譯：就是每放一隻腳就同時吸氣呼氣，還是一

---

❽ 參見「附錄1」，分類－編碼為「次第禪觀S1」。

隻腳吸氣,一隻腳呼氣?

師父:一隻腳,同一隻腳。

翻譯:同一隻腳?同一隻腳就有包括吸氣、呼氣?

師父:對,先是同一隻腳,然後兩隻腳,這兩個都可以……。

師父:現在我們一隻腳。

師父:這樣子是吸氣、吐氣、吸氣……。

師父:另外,可以換兩隻腳,一個吸氣、一個吐氣。

師父(示範走路時):吸氣、吐氣,吸氣、吐氣,吸氣、吐氣。

　　法師接著再進一步指導如何在走的過程中、在吸呼中加上數字,並表明這是在妄念很多時,才需要放上數字,目的是把注意力集中在腳掌,而不是在呼吸或數字上。但,聖嚴法師在教學中也表示,這種方法是他很少講、也很少讓學生用的,所以現場簡單示範與講解後,就轉入隨息的教學了。可見法師也只是讓師資們知道,還有一種可以對治妄念的善巧方法,讓大家實驗、試看看,但不是以之為主要的、長時間用的方法。

除此之外，在指導隨息法、觀丹田時，也是會現場指出「腦門」、「腳掌」、「上丹田」、「中丹田」、「下丹田」等的位置❾，讓學生們一起操作、體驗。這些東方的常用語、慣用語，對於一些西方弟子而言是較陌生的，能如此具體而微的教授與練習正確的方法與技巧，對西方弟子的學習應該會有不小的幫助。

(二) 先從名詞解釋、分類說明、切入的時機點開始解說

對於新的方法、名詞，聖嚴法師會先解釋它的來源、意義。例如「丹田」，就提出它是中國道家的專有名詞，在佛教稱為「氣海」。同時說明可以分成三類：上、中、下丹田，並介紹每一種的正確位置。

在「因緣觀」的解釋上，聖嚴法師直言即是「緣起觀」，並指出所觀的對象包含了有情與無情眾生，比起其他觀法，範圍是更大了，同時也用父母產生出孩子來譬喻「緣起」❿，非常的白話而具體。

在「切入正確的時機點」方面，例如聖嚴法師在教

---

❾ 可參見「附錄4」之「S1-3 觀丹田：上中下的位置、觀的時機與方法、境界」相關內容摘錄。
❿ 參見「附錄4」之「S3 因緣觀：層次與功用」整理的內容。

隨息法時，提出由「數息」要轉入「隨息」的時機點是：在數字非常清楚，同時呼吸的「出與入」在「鼻子的面前」很清楚，這兩個條件要同時具足，表示數息法用得很好了，才是轉換為「隨息」方法的時機點。更要能分辨不是因為「非常疲倦下、數字不見了、數不起來了」的狀態的「隨息」。⓫

其中比較少見、少用的「觀丹田」法，聖嚴法師對於何時轉換上、中、下丹田的時機點，也是講得非常仔細，感覺上也引起了現場西方眾的好奇與興趣。從聖嚴法師的教學內容來看，三個點彼此之間沒有連貫的關係，而是視時機去觀丹田的不同位置。例如：頭腦不易集中時，觀「上丹田」（兩眼中間、眉心的位子）有亮點、光點，但不能用太久，否則易引發頭痛。而呼吸不順時，可觀「中丹田」（橫隔膜上方、胸部的中間部位），想像那個部位是月亮。「觀下丹田」（下腹部——氣海）的目的是讓「氣下沉」、「重量往下」，可對治輕浮、恐懼感、沒有安全感等的現象。⓬

⓫ 參見「附錄 4」之「S1-2 隨息法：時機、階段與對治」整理的內容。
⓬ 參見「附錄 4」之「S1-3 觀丹田：上中下的位置、觀的時機與方法、境界」整理的內容。相關細節說明，亦可參看釋聖嚴，〈「五停心觀」修行法〉，《禪鑰》，頁 22-26。

由上可知，聖嚴法師非常強調對方法的基本認識（認知）、每種方法的切入或轉換的時機點（技能）。這些教學重點，對於禪修師資在判斷什麼時候要教什麼方法、什麼時候該切入更深一層次的方法，或是看到用方法的時機點不對時，能糾正為正確的、符合學生當下時機因緣的方法（情意），是非常重要的經驗傳授與指導。換言之，即是在教學的目標、設計與教法上，能兼顧到「認知、情意、技能」三者。

（三）常以「階段、層次」來表現該方法的次第

這幾種觀法，聖嚴法師幾乎都能細膩地提出方法在運用過程中，各有其不同的階段與層次。例如「隨息法」有三個階段❸：

> （第一階段）就是注意他的念頭，隨著這個呼吸的出入而緊緊的守住你的鼻孔，不是跟著呼吸一直進去……。
>
> （第二階段）呼吸漸漸的深，氣往下，自然而然它變成了小腹在動，這時候請你不要故意的動小腹，

---

❸ 參見「附錄4」之「S1-2 隨息法：時機、階段與對治」整理的內容。

小腹是自然的動。

（第三階段）吸氣的時候，雖然還是在這個腹部，但是自己的感覺，每吸一次氣，這個氣會到全身。好像你吸氣的時候，就整個的身體在充氣。好像每一個血管裡以及皮膚，甚至於手指間、腳趾間都會感覺到很舒暢，吸氣的時候很舒暢。

要講得如此的具體，的確是非常考工夫的，當然也關乎這些禪修師資在基礎方法運用上的熟練與否，但至少聽了聖嚴法師的指導，這些學生──未來的師資──在個人用功的時候就有著力點、能清楚判斷當下的狀態而用對方法，有了更深入的體驗，在帶領禪修時，才能真正在短時間內利益修行者。

另外，也有看似不容易操作、偏重觀念的「因緣觀」方法，聖嚴法師則以非常具體而白話的語言，提出了「四個層次」觀法：觀有與無、觀時間的「過現未」三種形態、觀空間的容量、觀在時空中變動的主體。法師以現場學生的家庭、生活、修行狀態，舉了好幾個實例來詳細解釋這四個層次，最終的目的在打破西方眾對「存在」、「存有」、「我」、「永恆」等視之為「主體」概念。⓮

然而,相較於「因緣觀」,聖嚴法師指出「四念住」的方法才是真正破「四顛倒」的關鍵。法師特別詳細說明了這個觀法的層次:從「心」的認識開始,漸漸看到「心念」不曾間斷的變化,進而從中理解與看到「無常」相。再透過對「身、受、心」整體的理解與看到「無常」後,才會真正發自內心產生了:「究竟『我』在哪裡?」的疑惑。因而有機會體認到:所有的現象都是時間與空間的「結合體」、是因緣的結合、因果的關係才有「我」,深入體驗到沒有一個真正的實體,最後始能證得「我」(實體)是不存在的。❺

　　以上所引述的文本內容,多是臨場互動的講述,可能會顯得不易理解,但相較於後來整理成偏重理論性的第二手文本內容,筆者發現最早的講授內容或許更貼近當時西方眾的生活文化背景,或許能讓這些西方師資更易理解、練習如何教授「因緣觀」與「四念住」,以及二者相結合的觀法。

---

❹ 參見「附錄4」之「S3 因緣觀:層次與功用」整理的內容。
❺ 參見「附錄5」之「S6-2 修『四念住』的目的」、「S6-5 心念住之解釋『心念住』:觀心無常」整理的內容。

(四）明確指出每個觀法成功後的狀態與產生的功能

從上可知，聖嚴法師在教導各種觀法時，有其一定的教學架構：先作名詞解釋、分門別類後，再進入方法的操作說明：用某一方法的時機點、現場直接練習方法。進一步，更細膩地釐清用方法的過程中，可能會經歷幾個階段、有哪些深淺不同的層次，最後，一定會指出每個方法產生的功能，以及最高可以達到怎樣的境界，或是要再搭配哪些方法以提昇、轉化修行的境界。

例如在教「隨息」時，直接說明真正進入隨息的狀態與達到的境界：

> 隨息，就是你每一次吸氣和呼氣的時候，能隨著你的氣息而吸氣、呼氣。你的身體會感覺到好像是充氣又放氣了、充氣又放氣，而身體不管充氣也好、放氣也好，都是很舒服的，會感覺到整個的身體都很舒服。這個方法用到最後，你一定得到輕安（身體非常的輕鬆，一點煩惱也沒有，一點妄想也沒有），輕安以後，心就穩定了。❶

---

❶ 參見「附錄4」之「S1-2隨息法：時機、階段與對治」整理的內容。

用「觀丹田」的方法可以達到的功能，聖嚴法師提到「暖」的狀態：❶

這「暖」會在你的身體內，向上或者向後，通過你的肛門的後面，從脊椎由下往上傳。或者是從你的前面往上，小腹到你的胸部還有喉嚨，然後到你的嘴，很可能有這個現象，這是第一種現象。

第二種現象，你暖了以後，身體從局部的暖，漸漸地擴散到全身的暖，不是熱而是暖。

經過暖的階段以後，因為身體感覺到的不舒服、緊張消失了，所剩下來的，就是非常輕鬆、非常的舒服。因此到最後，你身體的感覺、坐在那裡會感覺很輕、很舒服，實在很好。

但聖嚴法師指出，觀丹田的方法，最高的境界也就只有達到如上所言的狀態，與印度教、道教的境界是一樣的。所以，法師一開始就指出這個方法只可以「作為修行禪的基礎」，在用不上數息法時、妄念太多時、心

---

❶ 參見「附錄4」之「S1-3 觀丹田：上中下的位置、觀的時機與方法、境界」整理的內容。

沉不下來時,才用「觀丹田」為輔助,以度過這些用方法時的困境。當身心調和後,就要再回到原來正修的方法,才可能層層深入、契入無我的狀態。⓲

(五) 可以各別觀或整體一起觀,各有高低不同的境界

對於「五停心觀」整體的層次,聖嚴法師提到是由專注於「個人」的修法(如數息觀、不淨觀),漸漸加入「有情眾生」一起觀(如慈悲觀),最後擴大到有情與無情眾生同時觀的方法(如因緣觀、界分別觀)。因此,在觀的主體與對象的轉換下,身心的變化的確會有所不同,也因此而進入深淺不同的境界。⓳

在聖嚴法師的觀點,慈悲觀較易進入或停在「大我」的境界,而因緣觀的方法,只要能看到因與緣彼此間的關係是變化無常、虛幻不實的,就能達到「無我」的境界。有弟子問:其他的觀法不會達到「無我」嗎?聖嚴法師雖認同都可以達到無我,但有些會先經歷、掌握住「小我」(如數息觀)的境界後,才會再進一步觀

⓲ 參見「附錄4」之「S1-3 觀丹田:上中下的位置、觀的時機與方法、境界」整理的內容。
⓳ 參見「附錄4」之「S3 因緣觀:層次與功用」整理的內容。

「無我」、達到「人」與「法」皆無我的境界。❷

　　法師在 1982 年將「五停心觀」介紹後，時隔兩年，又加入了「四念住」的教學，主要即是強調：

> 五停心主要對治有亂心的人、散心的人，能夠讓心集中起來、漸漸達到定的程度。（但）這些方法不是讓人開悟的，而用這些方法也開不了悟……。
>
> 四念住是修了五停心後，心可以穩定了、安定了，然後再依四念住來開發智慧。但這開發出來的慧，不是無漏慧，還是有漏的智慧。意即：在心安定的狀況下，一直看身、受、心、法，以智慧來看這四者，同時達到出三界的目的。❷

　　由是可知，聖嚴法師以「四念住」來圓滿其「次第禪觀」的教學內容，讓這基礎的教材教法具完整性，也讓師資們理解在「五停心觀」之後，必須再藉助修五停心所得的定力，進一步修「四念住」的方法，才可能達到永脫煩惱、得大解脫的境地。法師特別表明要能清楚

---

❷ 參見「附錄 4」之「S3 因緣觀：層次與功用」整理的內容。
❷ 以上內容見「附錄 5」之「S6-1 本講次緣起」整理的內容。

明辨二者在修證境界上,是有很大的區別的。

(六)小結:「活用死法」

　　以上僅是略舉一些教學內容與特色,卻也從中看到即便是「次第禪觀」的教學,聖嚴法師教導西方弟子的過程,強調了在同一個方法中,仍要能善用不同的手法、技巧(例如在經行中用觀呼吸來集中注意力,而不只是打坐時才用),以及靈活運用不同方法的特性,彼此互用以對治身心的各種現象。尤其是在不同的方法中,法師具體而微地教授不同的階段或層次,讓西方師資們在方法的練習與未來的教學上,能有更清晰明辨的能力與教學依據。

　　第一手文本材料內容也許不盡完整,陳述過程中也因口語化與即興教學,不易讓後來參考者全盤理解,但以教學架構及重點提醒上看來,仍足以讓聽者有所受益與掌握。在筆者看來,以上這些教材教法與內容,以及現場教學與操作等作為,即是聖嚴法師在師資面前直接示範教學,呈現了現代版的將「死法」(古老而單一、固定不變的方法)盡可能讓之「活用」(靈活運用)的接眾手法。

第二節　以漢傳禪法的「觀念與方法」為核心

一、「祖師」系列課程的目的與焦點

當簡潔扼要的「次第禪觀」教學告一段落後，聖嚴法師在「師資培訓班」又開啟了一系列長達數年、介紹數十位祖師的課程。法師為何要對這群西方師資們介紹中國祖師的修證歷程、或禪師與徒弟之間互動的故事呢？從文本內容可發現聖嚴法師的目的：

> 在我們第一課的時候，我說你們既然是來參加這一個Training，就是準備要做禪師的。是不是將來就能夠成為禪師，不管它！就是要學禪師。我們不但是要學禪師，而且要學佛！連佛都要學，為什麼不學禪師呢？所以，我把禪師一個一個的介紹給諸位。[22]

聖嚴法師指出：雖然每一位禪師都有不同的風格與

---

[22] 參見「附錄1」，分類－編碼為「禪宗祖師C1」。

時代背景,現代的環境也與他們不同,但是,認識這些禪師主要是讓大家知道他們是怎麼樣修行的、如何讓別人也能修行的,是有非常好的參考價值。另一方面,聖嚴法師曾希望在這系列的課程結束後,能夠將之結集成書出版。❷³唯,至今因緣仍未具足,僅作為法鼓山僧團內部的教學教材,或是法鼓山僧伽大學學僧的畢業製作材料來源之一。

在這數十位祖師中,本書所選用的文本如前「研究範圍」所述,是以早期文本中其文脈架構較為清楚者為主要考量。其中,屬於禪宗祖師者有八位計十八筆資料,非禪宗的禪師有兩位計六筆資料。❷⁴下文即綜合整理與分析這十位禪師的二十四筆第一手文本資料內容,以呈現有別於傳統次第禪觀,而具有漢傳禪佛教中頓法的內容與特色。

至於所引用的內容之歷史真偽,依聖嚴法師自己在闡述禪宗文獻時所言,其師資培訓之教學是站在修行的角度,「以修行方法的指導,以及指導的原則、理論」❷⁵為重心,不做歷史與知識上的探究。

---

❷³ 參見「附錄1」,分類－編碼為「禪宗祖師C10」。
❷⁴ 參見「附錄1」之統計。
❷⁵ 參見「附錄1」,分類－編碼為「禪宗祖師C17」內之整理文字。

二、以禪師修證體驗與鍛禪手法為重心

(一) 廣泛認識：多元的「中國禪師」教法

聖嚴法師在這些祖師系列課程中，從開示的時間序來看，法師是有系統與選擇，並依傳承系譜的先後順序來介紹祖師的修證事蹟。㉖首先介紹了南宗的禪師，依序為：馬祖道一、百丈懷海、黃檗希運、溈山靈祐、南嶽懷讓、大慧宗杲。在簡介這五位臨濟宗的禪師後，轉為介紹不屬於禪宗南宗一系的僧稠禪師、牛頭法融、度門神秀，以及天台宗的慧思禪師等。最後再回到禪宗「初祖至五祖」簡要的事蹟與行誼。聖嚴法師在1985年回看這系列課程所選擇的教材順序，在課堂中非常明確地指出其個人對「中國禪」所抱持的觀點：

> 我既然講牛頭，也講神秀，那麼現在我也講天台，那些（禪師）都應該屬於中國禪的系統。因為

法師言：「近代研究禪的學者，從敦煌的資料作為研究的對象，而把它們重新整理。研究總是研究，我們以修行來講的話，研究只是一種知識，我是用他（禪師）的修行方法的指導，和指導的原則的理論為依據的。歷史的考證，這是從知識上的一種交代而已。」

㉖ 參見「附錄1」之列表，分類－編碼為「禪宗祖師」C1至C18。

後來的禪法,不一定完全就是惠能系統的,雖然大家堅持說我們(禪宗)是惠能系統的人,但是講到中國禪法的話,不能夠僅僅提到這一系統的人。㉗

以聖嚴法師僅在美國早期師資培訓課程中,較爲詳細地爲西方弟子介紹他所認爲的「中國禪」系統,可以發現法師在禪修教學上並不希望局限於一宗一派的禪風,而是希望師資們能普遍綜覽在中國堪稱師家級禪師的修行方法與原則。同時,也讓西方弟子了解:中國的禪,不只有禪宗、不只有禪宗的南宗,還包含了禪宗以前、與禪宗同期的北宗、南宗以後的諸家禪師。因此要他們建立起:「中國禪的內涵應該是非常豐富而多元」的正確認知。

這些觀念的說明,筆者認爲聖嚴法師可能希望能與美國當時許多具日本禪傳統的禪中心有所區隔。例如當時非常興盛的「三寶教團」──凱普樓禪師的十數個分支禪中心,或日本曹洞宗道元一系的禪中心等。也或許

㉗ 參見「附錄1」,分類─編碼爲「禪宗祖師 C17」內之整理文字。
聖嚴法師進一步說明:「因爲達摩來到了中國,所以這個系統的修行方法肯定叫作禪宗……如果達摩不來的話,中國的修行方式,一定還是跟印度不一樣。因爲在達摩以前和達摩同時,甚至以後,有一些不是禪宗的人,他們已經在修行方法上,有趣向於中國禪宗的這種形式。」

是聖嚴法師想要透過師資培訓課程,強調在東初禪寺禪中心的禪法老師,所教導與弘傳的禪,是多元而具「中國禪」整體特色的禪修教法。

(二)要能掌握:每一位禪師的教法重點

聖嚴法師在介紹每一位禪師時,占最多篇幅的內容是這些禪師對後來中國禪佛教發展的影響力,不論是在禪修方法、或是思想理論上。在禪宗的南宗禪師方面,例如:馬祖道一的重要影響在「平常心是道」、「不修不坐即是禪」、「即心即佛」、「非心非佛」;百丈懷海的「百丈清規」、「野狐禪」;南嶽懷讓的「磨磚成鏡」、「坐佛殺佛」;黃檗希運的「見與師齊,減師半德」等等。綜觀聖嚴法師的介紹與解說內容,原則上與學者的研究觀點與結論大致相同,故於此不再贅述。

至於禪宗主流以外的禪師,聖嚴法師對僧稠、牛頭法融兩位禪師的禪法詮釋,相較於上述的臨濟禪師們,則是更為仔細與豐富。例如:對於〈稠禪師意〉的禪法內容,依序講述了:安心的方法、次第禪觀(調身、調息、調心),也對不同的三昧(無邊三昧、大寂三昧、法住三昧)作了白話的解說。進而再指出:有境、無境、無形、無心之間的差別、等級與層次。

簡而言之，聖嚴法師把僧稠禪師的禪法定位為「次第禪觀法門」，其修行重點在：收心、攝心。第一步要把心從外境收回來（收心），接著才能進入「攝心」的階段。法師將其「攝心」的內容分為兩個層次：先把心收攝在一個境上不動，進而再將心從境中收回來、心不緣境，此時境不見了、心也沒有作用了，當「心無用、境不見」，此時就是入定、進入三摩地的定境中。所以，講的是「入定的層次」與歷程。如此之後，才可能進一步辨明有境、無境等的差別相與層次。㉘

　　聖嚴法師亦介紹其他禪師的教法內容，包括介紹牛頭法融重在對「心」及〈絕觀論〉的詮釋，或是講述神秀禪師在方法上是屬於次第法門，最終亦能達到三學等持、見到自性的境界。除了禪宗祖師外，法師亦介紹了天台慧思禪師的修證事蹟，說明慧思禪師雖然是修《法華三昧懺儀》獲得開悟的經驗，而此開悟境地與禪宗的悟境是相同不二的，更具體說明了慧思禪師如何面對與解決修行過程中出現的禪病、所使用的觀想方法等等，

㉘ 有關僧稠禪師的禪法內容，由於篇幅內容較長，僅節錄自「附錄1」，分類－編碼為「非禪宗祖師 NC2」之部分重點內容，沒有另列為附錄資料。

可說是族繁不及備載。㉙

　　從介紹這些禪師的內容可知，聖嚴法師使用了非常多樣的教材，不僅是禪宗內部的文獻（如燈錄、語錄），更運用了其他參考資料，例如請口譯的弟子或上課的學生事先查找相關的資料、中英文譯詞的對照資料等等（如：辭典、佛教百科全書等）。足見法師下了許多的工夫，以多元教材與教法的方式呈現在西方弟子面前，讓他們可以具體而微地理解中國禪師在教法、思想上的豐富與多樣性，因此表現出聖嚴法師並沒有獨尊於某一宗派或禪法思想、一視同仁與平等看待所有「中國禪修祖師」的態度。

（三）明確點出：鍛鍊一位禪師必經的修證歷程

　　在聖嚴法師闡述各禪師的證悟歷程中，百丈懷海與馬祖道一師徒間互動的敘述文字，最能顯現出法師說故事的吸引人之處，不僅非常生動活潑、又能清楚藉著這個故事，指出百丈禪師證悟歷程的不同階段與境界。筆者即以此作為修證歷程詮釋的具體實例，整理成〈附錄6：聖嚴法師白話講述「百丈懷海」的修證歷程〉，以

㉙ 參見分類－編碼為「非禪宗祖師 NC5」之內容。

作為下文引述資料的來源。

一般人對於「野鴨飛過去了」的故事，大多僅聽到前段情節，實則還有「續集」記錄在《百丈懷海語錄》中❸。聖嚴法師依原文的記錄，現場用白話的語言「完整地」講述了師徒互動的整個過程，接著提出了其個人詮釋的觀點。這些詮釋內容也符應了前章節所言：鍛鍊一位「理想禪師」所應經歷的「身心轉化的三個層次」。

聖嚴法師指出百丈禪師與馬祖道一的互動中，「經過了三個階段：百丈講話、百丈不講話、馬祖講話」。❸當聽到馬祖道一複述百丈講過的話：「即此用，離此用」後，百丈懷海正想跨出房門走出去時，馬祖道一此刻對著百丈懷海「大吼」一聲。聖嚴法師針對此一最後階段，非常清楚明白地講述了百丈懷海在被「吼」之後的身心狀態❸：

---

❸ 釋聖嚴，〈百丈懷海〉，《禪門驪珠集》，《法鼓全集 2020 紀念版》，第 4 輯第 2 冊，臺北：法鼓文化，頁 148-149。

❸ 參見「附錄 6」之「C2-3 聖嚴法師以四階段來說明百丈的證悟歷程」之「階段 4 悟境現前」的內容。

❸ 參見「附錄 6」之「C2-3 聖嚴法師以四階段來說明百丈的證悟歷程」之「階段 4 悟境現前」與「聖嚴釋」的內容。

馬祖的這一吼,把百丈心裡面所有的層次、階段、好與不好、滿意不滿意,全部粉碎掉了。因此在三天之中,眼睛看不到,耳朵聽不到……。

　　這三天的受用不得了,在這三天之中,六根、六識都關閉了。所講耳聾,(不只是)耳朵的聾,實際上,眼、耳、鼻、舌、身全部(的作用)都去除了,全部不起作用了……。

　　他(維持了)三天的時間,這個不簡單,在歷史上看到有三天的時間(處在)大悟(狀態)的人,是很少看到的,這是祖師的悟境。

　　在這情形之下,身體照樣動,吃飯照樣吃,照樣的看東西,耳朵照樣的聽,可是沒有分別心,全部都是智慧。㉝

　　聖嚴法師在講故事的時候,尤其是祖師們之間的互動、對話、動作等,是非常生動有趣的。㉞對於西方人常苦惱於禪宗古文獻中艱澀難懂的文言文時,法師這些現身說法、教導與問答,令他們更能直接透過白話講

㉝ 本段引文中,( )內的文字為筆者讓文字更通順所添加。
㉞ 可參考「附錄 6」之「C2-1 聖嚴法師對原文的白話翻譯」、「C2-2 聖嚴法解析事件的意涵」。

說、插入有趣的對白情節等教授手法，多少能消除許多東西方文化與時空上的隔閡。這也是法師不論在身教、言教上，都自然呈現出身為一位禪修老師，就是要能這樣讓學生因為覺得生動有趣，引發出想要一探究竟的好奇心而踏入禪門、或是更有意願精進用功、不怕受苦，並努力朝向成為一位具漢傳禪法特色的禪修老師的目標邁進。

（四）重視修行者：建立對「心」與「覺」的正確認知

從這二十四筆文本資料內容結構的完整性與偏重來看，筆者發現聖嚴法師在教學過程中，的確多圍繞在其所強調的「禪修的原理原則與指導的方法」上，其他有關師徒互動間的公案故事，特別是臨濟禪師「不按牌理出牌」、「應機接眾」的事蹟與手法，聖嚴法師大多只把它們當成故事簡單帶過，較少深入推理這些互動故事背後可能的涵義。反而對於一些禪宗南宗以外的禪師所流傳下來的修行方法、思想理論，作了更多、更白話的解說，並從中詳盡說明與釐清一些修證的狀態與境界。

除了上文提到僧稠禪師「次第禪觀」的安心法門外，對於在禪宗主流外的禪師——牛頭法融，在〈絕觀

論〉中所提到的「心」,聖嚴法師花了不少時間為學生們解釋與說明。㉟ 另外,聖嚴法師在提到其他禪師的禪法時,也可以發現法師特重於介紹禪師們對「心」的看法㊱,足見法師相當重視禪修者要善於明辨「心」在修行過程中的層次變化。筆者相信,這也可能是希望禪修師資們對這些內容,能建立起正確的觀念與方法。下文即以〈絕觀論〉為實例,簡要列述聖嚴法師對「心」、心的特性、覺等的詮釋內容。

聖嚴法師講解的〈絕觀論〉是引用自《宗鏡錄》所收錄的版本。法師先講述〈絕觀論〉的全文大意,進而歸納出三個重點:第一,心是什麼?第二,與心發生關係者為何?第三,提出「沒有心這樣的東西」為結論。

法師解釋「絕觀」的意義:「絕」是沒有、絕對、絕對待、沒有對待。將〈絕觀論〉對「心」的詮釋,先

㉟ 由於聖嚴法師講解〈絕觀論〉的內容較長、部分文義僅簡單帶過而不易完整的理解,故本書沒有將之整理成附錄資料,僅於本段主題,舉一些與本節主題——心與覺——相應之內文供參照。
㊱ 例如:僧稠禪師所提大乘「安心」的方法與次第、「心」「境」的有無;馬祖道一的「平常心」、「牧心」;牛頭法融以「體、本、宗」來解釋「心」,「心境問答」中專門討論心與境的關係、層次等。節錄自「附錄1」之列表,分類—編碼「禪宗祖師」C1、C2、C3、C11、C12、C 13、NC1 至 NC 4 之內容。

以「心」同時「為體、為宗、為本」來說明❸：

法師先以英文來解釋：體、宗、本：

體，Substance 本體（整個、整體）；宗，Source 源流（從遠地方來、老祖宗的源）；本：Foundation 根本（往地底下生根）❸。

這些通常是從思辨上來講，有現象，就有本體。有現象，就有心、有物了。

現象的本體是什麼呢？現象的本體是心。那麼我們一切的東西，不管是心、物，它是從哪裡來的呢？那是心。

所有一切東西的根本究竟是什麼？一切東西的根本是心，結果全部都是心這個東西。

但是前面已經講了，心是什麼？心沒有這樣東西，心是寂滅；也可以這麼說：根本沒有體、沒有宗、沒有本。

---

❸ 以下〈絕觀論〉的解釋文字，皆節錄自「附錄1」，分類－編碼為「禪宗祖師C12」之內容。相關內容是節錄聖嚴法師當時詮釋的整理文字，唯較缺乏進一步詳細說明的資料，僅於此記錄之，以供後來者進一步研究、參照之用。

❸ 原文中（ ）內的文字，為筆者將文本中聖嚴法師較為口語的用詞，以不離其原意而較精簡的文字補充於相關文句中。

於今無法知道當時現場的西方弟子對這段話是否能夠完全理解，但至少可以看到聖嚴法師嘗試用西方的語詞連結禪宗的思想，進而嘗試打破西方宗教傳統中對「存在」、「本體」的大我思想。

其次，再提出「心」的另一個重點：法師藉由文中的「心性寂滅」、「寂滅為慧」，將「心」與心的「性」的意義，用白話詮釋為：

> 心就是 Mind，Mind 是寂滅。那心呢？心是寂滅。心的性呢？我們講以空性為心，空性就是般若，就是智慧。所以自性的那個性，就是寂滅，就是空慧，所以連境界這樣東西也沒有了。㊴

再者，聖嚴法師指出了「絕觀」的方法為：觀心境。然而，也點明「心與境是相對待的」，次第禪觀的修行方法，不論是五停心觀、四念住，都是相對觀、對待觀，都是相待觀而不是絕觀，因為它還是有一個方法、有一個心所緣的境存在。相對於次第禪觀，法師說明牛頭法融〈絕觀論〉中「絕觀」的內涵是：「絕」

㊴ 節錄自「附錄1」分類－編碼為「禪宗祖師 C12」之整理的內容。

是沒有、絕對、絕對待、沒有對待。因此，這個禪法是「絕待」的，即：根本沒有方法，不用心、不用境的。㊵此可從法師對以下問題的解釋文字，進一步理解其中的意涵㊶。

「心若為？心寂滅。」（原文）

心是怎麼樣的呢？實際上沒有心這樣的東西。

心，只是因為有環境、有境界，才有心。正如無明，沒有這樣的東西，因為心動，曉得有無明。只有悟境相當高的人才知道沒有心，經過真的無心境界後，才知道什麼叫作心。

真心是什麼呢？寂滅心叫作真心。

什麼叫作寂滅？

「寂」就是不動，「滅」是沒有了；又不動，又沒有了，這叫作「心」，有（心）這樣的東西嗎？沒有。

最後，聖嚴法師還加入了「心境問答」的內容，以

㊵ 節錄自「附錄1」分類－編碼為「禪宗祖師C12」之整理的內容。
㊶ 以下文字節錄自「附錄1」之分類－編碼為「禪宗祖師C13」之整理的內容。

強化大家對心與境的了解,並指出「覺」(Awareness)是其中的關鍵,同時用《六祖壇經》中的「心如明鏡臺」來說明「心」就像明鏡一樣,即是「我覺」:我清清楚楚知道任何境界,但這不是智慧的無心,只是在練習方法時,要用那個「覺照」清楚的「心」來對治尚未清明的「心」,所以「覺」在此應是指心的「作用」。❷

簡要言之,聖嚴法師對〈絕觀論〉的評價是:

> 它是非常好的一篇禪的修行方法、方法論。從各種角度,從小至大;從眾生的立場講有,結果到最後,他說小的沒有、大的也沒有,個人的沒有、全體的也沒有。❸

聖嚴法師講述〈絕觀論〉最重要的用意,或可說是讓禪修師資們更能清楚明白漢傳禪法最核心的修行方法與目標,是要「讓修行者沒有任何的依靠,不但是絕對的孤立,而且是絕對的獨立,從絕對的獨立到絕對的解脫、絕對的自在。」❹

---

❷ 參考「附錄1」分類-編碼為「禪宗祖師C13」。
❸ 參考「附錄1」分類-編碼為「禪宗祖師C12」。
❹ 參考「附錄1」分類-編碼為「禪宗祖師C12」。

第三節　建立一套具完整架構的「漢傳禪修師資培訓」教材教法

一、釐清「頓」與「漸」的內涵

(一)「頓」「漸」主題的重要性

在介紹了諸多禪師不一樣的教法，尤其在修證體悟上，到底是漸法？還是頓法？這也是常被提出來討論的議題。聖嚴法師於 1984 年 11 月 15 日應哥倫比亞大學的邀請，希望法師以「頓悟與漸悟」為題為學生演講。❹ 在這場演講結束後，於同月的 21 日及 12 月 5 日，法師即刻又為師資培訓班的學生用兩次課程的時間，更為詳細的說明「頓」與「漸」的內容，這應該是聖嚴法師第一次專門講述此一主題 ❻，而且對象是禪修

---

❹ 林其賢，〈第一冊　民國七十三年／西元一九八四年〉，《聖嚴法師年譜》，頁 485。

❻ 如果以關鍵「頓悟」或「漸悟」輸入《法鼓全集》查詢，的確可以找到將近三十筆的相關資料，除了少數幾篇（如：〈禪與慈悲〉（2001）、〈禪與現代人的生活〉（1987）較從修行與宗教體驗面來說明，其他則大多為聖嚴法師引用許多經典文獻資料後，歸納整理的、傾向於理論性的說明。目前尚未有這篇於哥大演講、師資培訓班教授的教材內容相近的公開的文字資料。

的師資。從兩次的內容可知,聖嚴法師將之前所介紹的教材,以「漸」及「頓」來整合、分析與說明「悟」的現象與境界,具有法師對不同禪法的分類與定位的詮釋特色,是相當有分量的文本。

聖嚴法師講述的順序為:先說明「頓」、「漸」各自的意義,再從現實社會與佛教經論兩種視角來理解頓與漸的內涵。進一步從時間上來討論有沒有頓與漸的差別?最後,則分不同層次說明頓與漸的悟境差別。下文為筆者依文本整理的綱要、重點說明,此或可視為聖嚴法師為禪修師資們建立「頓」與「漸」的正確觀念,以期更能明辨與轉化修證過程中的境界。

(二)如何理解「頓」與「漸」的意涵

聖嚴法師直接從時間、空間、理論邏輯三個角度,為西方弟子簡潔扼要地解釋了什麼是「頓」、什麼是「漸」:❹

> 第一,頓,是馬上完成的;漸,是次第完成的,這是從時間上看頓與漸。

---

❹ 參見「附錄1」分類-編碼為「頓與漸GS1」之整理文字。

第二,頓是不需要任何倚賴的,也就是不倚靠什麼的;漸,必須要靠各種的因緣配合。這是從空間來看。

第三,頓,是不需要邏輯的、不需要理論的;漸,一定要有邏輯和理論來作為方法的說明。

總結的說:凡是頓的,是突然發生的事,它不需要有理論,也不需要依靠什麼東西,它就是完成了。漸,一定是慢慢完成的,一定是要倚靠著助緣來完成的,而且它必定可以說明的。

可以通過理論、邏輯,或者是文字來給予說明的,是漸。

以上,法師就把頓與漸的意義說完了,非常具體、清楚而易於理解,這是針對名詞的解釋。

接著,聖嚴法師再從現實社會的兩個例子來譬喻頓與漸:運氣與天賦。法師點明兩者的重點在於:不論是運氣好、或是天賦佳,仍然是需要去「努力」才能持續運氣好、天賦佳的狀態,因此它們彼此間的關係是非常密切。換言之,「頓」還是要配合「漸」的,「有了頓的基礎,還要漸的努力」。❹這樣的白話詮釋,不論對於目前的學生在理解上、或其未來成為禪修老師要說明

時，就能立即而清楚地掌握住「頓」與「漸」最基本且關鍵的意義了。

（三） 在修行層次與方法上「頓」與「漸」的分析與說明

簡要的名詞解釋後，聖嚴法師進一步藉由佛教經典，從「修行的層次」與「修行的方法」兩個角度，表達其個人的觀點。首先，從大、小乘經典的修行層次來看，聖嚴法師提出了個人的觀點：大乘經典有講「一悟永悟」的（頓），卻也有「一悟再悟」的（漸）；小乘經典看似是「次第」的（漸），卻也有當下馬上證阿羅漢果位的（頓）。再看菩薩行的五十二階位，是在慢慢地修行，這是「漸」，但在最後一階成佛時，是一時成、一下子就成佛的（頓）。[49]

綜合述之，聖嚴法師分析二者各自的特色為：第一、求人天福報與小乘解脫道的經典中，這些「漸」只能解決個別、暫時的問題；「頓」則是解決一切的問題、永恆而徹底將問題都解決了。

---

[48] 參見「附錄1」分類－編碼為「頓與漸 GS1」之整理文字。
[49] 文中的（頓）與（漸）為筆者依文意所補入。

第二,「頓」的經典,主要講的是「不可思議最上乘法」,主張不需要修行、本來就是佛,生死與涅槃、煩惱與菩提都是同樣的;眾生和佛、凡夫和聖人是平等的,此法門稱為「不二法門」,例如《維摩詰經》。

最後,聖嚴法師指出:大多數的經典是先說一般的佛法,然後再說最上乘、最好的佛法,即是先說漸後說頓,例如《法華經》。所以,經典大多都是從漸的角度來說,原因是「頓」不可說,說了就不是頓了。以上,是從修行層次上來認識佛典中「頓」與「漸」的差異。

接著,聖嚴法師再從「修行的方法」上來看,在世間法中的行善積福,是「漸」,因為是從小的善慢慢累積起來,最後積成大福報。但,有人因為一句話、一個動作而猛然有所醒悟的,也可視為「頓」。在出世間修行方法上,如果用五停心觀、四念住,慢慢地修,就是「漸」;若以臨濟猛烈的方法(如公案、話頭)來逼拶,就是「頓」。當時的聖嚴法師明確地指出:東初禪寺的禪中心,則是用次第的方法(如:數息法)打基礎,再用頓的方法(如:話頭)來進一步破除一切修行的障礙,所以是先漸後頓的。❺

---

❺ 參見「附錄1」分類－編碼為「頓與漸」GS1、GS2 之整理文字。

不論是禪宗所推崇的任何經典（如：《楞伽經》、《金剛經》、《維摩結經》等）所提倡的「頓悟法門」（即倡導「眾生本具佛性」的思想），或是如上所言不同層次的頓漸立場，聖嚴法師早期對於中國的禪法，所下的定位是：「禪」是頓悟的，但禪師們還是要透過各種方法讓行者達到頓悟的目的，既然還要使用方法，那就不是頓而是漸了。❺¹

二、建構出具個人特色的禪修教法基本理論與修行內容

（一）清楚掌握中國禪法整體的指導原則與理論架構

　　整體來看，此一系列歷時數年的禪修師資培訓課程，聖嚴法師一開始即選擇戒顯禪師的《禪門鍛鍊說》為教材，訂定以學習祖師的「精神」為核心目標，再以傳統的「次第禪觀」為禪的鍛鍊之基礎方法，最後又回到學習不同領域的中國禪師們的修行方法與核心思想。這些看似隨緣而為的教學歷程，筆者從中發現到：聖嚴法師正漸漸藉由這些教學歷程，開始整合、歸納與建構出其禪修教法的基本理論與修行內容。

---

❺¹ 參見「附錄 1」分類－編碼為「頓與漸 GS1」之整理文字。

1985 年 1 月 9 日聖嚴法師以「禪佛教的基本理論及其實際修行」為主題，利用兩次的師資培訓課程，首次講述了禪佛教，特別是「漢傳禪佛教」的理論與修行內涵。法師透過三大主題：什麼是禪佛教、什麼是禪佛教的理論基礎、禪佛教的實際修行方法，為西方師資統整了這數年來所有課程的教材教法，以讓他們能在理解「佛教的理論」基礎上，進一步清楚掌握屬於「漢傳禪法特色」的思想與修行方法。❺

　　在介紹「什麼是禪佛教」方面，聖嚴法師複習了「佛教」應具備教主、教理、教團三個條件，基本教理是無常、苦、空、無我。進而指出「禪」的源頭是印度次第禪法的思維修、止、觀，所有禪法的目標都是朝向體證上述的基本教理。包括中國「禪」的內涵，也不離傳統禪法的修道內容，但更涵融了中國儒、道的思想，漸漸發展出獨具中國特色的「漢傳禪佛教」。

　　在「禪佛教的理論基礎」方面，先闡明「佛教的理論基礎」包含了大、小乘佛教四階段的思想發展：空、有、空有不二、真空妙有。聖嚴法師認為中國的禪宗是

---

❺ 由於聖嚴法師講解〈禪佛教的基本理論及其實際修行〉的內文非常豐富，本書無法將整理的文字放入附錄中，僅舉部分與本章主題——內容特色——相應之內文供參照。

從第四階段的「眞空妙有」所產生的,重在提出「眾生皆有佛性」,見到佛性即是見到空性、眞空,即是「眞如」。因此強調禪宗所講的「開悟見性」,就是見到眞如、佛性。然而,法師還是強調❺:

> 第四個階段是從前面第一個階段開始,從一、二、三、四這樣上來,所以禪(禪宗的「禪」)的基礎是第四,但是(修禪要)從第一開始。
>
> 因此在禪宗來講,它絕對不否認中觀,不否認唯識,也不否認原始的因緣法,它都接受。
>
> 可是,它會說只有最後是最高的,前面只是一個基礎的層次,它不以前面的為最高。但是,理論的基礎(雖)是如此,禪宗還是不以這個理論(認為)就是禪的本身。理論只是一個說明而已,所以把第四個(階段)也丟掉,才是禪的本身。

(二) 以「道、空、無、心」詮釋漢傳禪佛教的理論基礎

聖嚴法師以「道、空、無、心」四個字來代表「禪

---

❺ 參見「附錄1」分類－編碼為「思想與方法TP1」之整理文字。

佛教的理論基礎」，頗具有其個人詮釋的特色。首先說明「道」，法師以禪宗的幾個代表性文獻❺❹，提出其看法：

> 佛教講的「道」和中國儒家、道家所講的道完全不同。佛教的道就是「禪」，是佛性、真如，主張在現實生活中從來沒有離開過道。禪宗對「道」的思想態度，指自身即在道之中，不需要離開自己再去找道，只要把妄想放下即可。❺❺

其次是禪佛教的「空」與「無」，聖嚴法師藉由與般若系等相關經典的內容❺❻，指出其觀點：

> 禪宗經典有唯識、中觀、如來藏等三個系統。從

---

❺❹ 所引文獻有：〈信心銘〉、〈入道安心要方便法門〉、《六祖壇經》、〈永嘉證道歌〉、臨濟義玄的語錄等。

❺❺ 參見「附錄1」分類－編碼爲「思想與方法TP2」之「摘要」文字。下文的幾段內文大多也節錄自檔案中的「摘要」文字，因爲「聖嚴法師數位典藏資料庫」在校對逐字稿之後，部分文本也會進行原文的「摘要」整理。其「摘要」文字非常精鍊且準確，但因大多沒有註明摘要的負責人姓名，故筆者於註中以「摘要」表示，謹此向這些摘要者致謝。

❺❻ 所引經典、文獻有：〈入道安心要方便法門〉所引的《文殊說般若經》與《大品般若經》的經文、《六祖壇經》、《金剛經》、《大乘起信論》、《楞伽經》、〈二入四行〉、〈信心銘〉、「趙州狗子無佛性的公案」等。

般若知道空,由空而見到自性,自性就是佛性;一切萬法最後、最究竟的無非是空。菩提是果,般若是因,從般若而發現菩提,菩提本身就是寂滅的空、自性空。(因此)佛性是般若、是空性,空性就是無。❺⓻

最後關於「心」的部分,聖嚴法師綜合了以上三者的特質而提出了禪宗重視「心」,也是以幾部代表性經論❺⓼來說明:

道、空、無,都是抽象的名詞,不可捉摸,而心則是從主觀的立場直接就可以體驗到。禪宗不叫道宗、不叫空宗、不叫無宗,而叫心宗;宗是根本的意思,宗旨以及目標。一般人講的心是六根、六識所接觸的六塵,其實只要「心」動了都是六塵的影子。要離開了四大、六塵那才是真心、清淨心,只有清淨的心才能夠見到佛性,也就是佛的法身。❺⓽

---

❺⓻ 參見「附錄 1」分類－編碼為「思想與方法 TP3」之「摘要」文字。
❺⓼ 所引經論有:《楞伽經》、《華嚴經》、《維摩經》、《楞嚴經》、《圓覺經》、《大乘起信論》等,這些經論也是聖嚴法師常講述與使用的教材。
❺⓽ 參見「附錄 1」分類－編碼為「思想與方法 TP4」之「摘要」文字。

（三）掌握漢傳禪佛教實際修行方法的關鍵元素：「觀」與「心」

在「實際修行方法」方面，對於這個較為複雜的歷史性主題，聖嚴法師以五個子題來闡明禪佛教修行方法的內容，即：坐禪觀心、不坐禪不觀心、禪機、公案與默照❻。

從禪佛教的歷史演變角度切入，聖嚴法師認為：禪佛教的實際修行方法，剛開始是「以坐觀心」，打坐是要觀想的，方法是五停心觀或者四念住觀，主要在觀心的變化過程（如僧稠禪師、四祖道信的禪法）。演變至初唐以後，轉為「不坐禪，不觀心」，法師認為這是從六祖惠能開始，強調開悟不在坐禪，開悟不在觀心。直至六祖以後的弟子，「禪機」風氣特盛：禪師們用語言、用文字、用動作，而不用佛學理論、不用禪觀次第修證經驗。進而由禪機衍生出諸多「公案」，即：禪師和弟子間的對話和修證過程，最後以公案中重要的一句話成為「話頭」，單提話頭為方法，一直參問下去，產生疑情、進入疑團，以打破疑團徹見心性為目標。同時期，亦出現「默照」的方法，重在以「無心」來用功，

---

❻ 參見「附錄 1」分類－編碼為「思想與方法 TP5」之文字。

即對外沒有任何的攀緣心、對內心中無一物，同時要能隨時保持清清楚楚、明明白白的境地，直至打破一切內外境得見自心佛性。❻¹

（四）小結：為最早提出的「頓中開出次第化的漸修法門」

筆者發現「禪佛教的基本理論及其實際修行」五次的課程文本內容，或可視為將系列「師資培訓課程」作一歸納與統整後的整體論述，並從中可以得見聖嚴法師對禪佛教中的「禪」，是立基於頓悟思想上，卻又非常重視方法與次第的修行歷程，是重視「在漸修中達到頓悟」的「禪」。❻² 此等觀點或可視為法師晚年成立「中華禪法鼓宗」時，所提及的「頓中開出次第化的漸修法門」❻³ 最早出現的思想源頭。

綜合言之，所有「師資培訓課程」文本的內容非常

---

❻¹ 參見「附錄1」分類－編碼為「思想與方法 TP5」文字。第五次的課程，是因為講完第四次後，聖嚴法師返回臺灣三個月，在回到美國後，有弟子提醒法師第三部分「禪佛教的實際修行方法」還沒有講完，因此特別再補講一堂課。

❻² 參見「附錄1」分類－編碼為「思想與方法 TP5」之文字。

❻³ 釋聖嚴，《承先啟後的中華禪法鼓宗》，《法鼓全集 2020 紀念版》，第 9 輯第 7 冊，臺北：法鼓文化，頁 14。

豐富，雖然有些文本看似沒有很完整的記錄下來、或是課程在倉促中結束，歷經五年的時間，聖嚴法師長期在西方禪修教學的經驗累積，以及透過與學生、弟子們課堂上的互動問答等方式，了解學生的學習性向與吸收的狀態後，把這些教學經驗漸漸作一綜合整理、抉擇與醞釀出具個人特色的禪佛教之思想內涵與實際修行的方法。

第六章
結論

第一節　研究結果

一、以《禪門鍛鍊說》為禪修師資涵養的主要參考藍本

　　本研究透過聖嚴法師於 1981 年至 1985 年，在美國東初禪寺的禪修「師資培訓」課程的第一手文本資料，得以探究出法師在早期的禪修教學有其時間上與教法邏輯上的脈絡可循，並呈現其有別於當時美國禪修環境的教法特色。聖嚴法師首先講述了理想的禪修師資培育的重點方向（課程最高目標），其次運用了一些基礎教材與禪宗文獻，以建構禪修師資整體的禪法內涵，最後再綜合這些教材教法，歸納出屬於漢傳禪佛教特色的理論與方法。

（一）以學習祖師的「精神」為核心目標

在禪修師資培育方面，聖嚴法師在課程一開始即用了六次的課程，講解與詮釋了明末晦山戒顯禪師的《禪門鍛鍊說》，發現法師用這個教材的立意，即希望為此師資培訓系列課程定下核心的學習目標：以學習祖師的「精神」為重心。從時空背景而言，雖課程對象為早期的西方弟子，卻呈現出聖嚴法師對培養西方禪修師資人才的重視，不亞於在臺灣各類人才的培育工作。同時，也為了新創立的禪中心——東初禪寺——得以長期經營具漢傳禪佛教特色的道風，更是不斷鼓勵西方弟子以祖師們對「復興禪法」的承擔力為學習的方向，能透過循序漸進的課程教學，漸漸掌握漢傳禪佛教的內容與精髓，能發自內心萌生願意擔負起禪中心的護持弘法角色的大願心與行動力。

（二）鍛鍊出能「活用死法」的密集禪期師資

其次，筆者發現在禪期帶領人才的養成內容上，聖嚴法師以《禪門鍛鍊說》為具體教材，透過幾個部分的解說可看出法師的詮釋特色：在強調要鍛鍊禪修老師具有能讓學生很快得到大利益的能力之前提下，透過幾個重點來說明如何鍛鍊老師具足這個能力。第一，老師要

能運用各種方式,清楚掌握住「學生」各方面的狀態,例如:學前經驗、學習方法的狀態與程度,強調重質不重量的篩選適合參加密集禪修的修行者。第二,則是說明了身為一位領眾禪修的老師,就要能適時、適當的開示。因此以白話的方式講述了戒顯禪師提的四類「落堂開導」:「悚立志」──持續發願、立志不退;「示參法」──指導、提醒與糾正用話頭的正確方法;「警疲怠」──提起精神,對治昏沉與散亂;「防魔病」──防止生理與心理的幻覺。最終的關鍵是,聖嚴法師推崇戒顯禪師的觀點:「鍛禪」的關鍵在於能在「死法中活用」,也即是雖然用的都是古的、舊的、陳套的方法,但「把柄」是在「老師」手中,老師能善用、靈活運用古今的禪法,就能做到不論任何根器的學生都能在短時間內獲得最大的受用與利益。這些,都是聖嚴法師心目中理想的禪修師資,所應被鍛鍊出來的重要內涵與接眾能力。

　　筆者認為以上兩個面向,多少呼應了第三章第一節內文所闡述的:聖嚴法師在個人的禪修經歷後,所體會到的兩個要能修行得力的條件:學生的因緣具足與遇到高明的好老師。能鍛鍊出具足以上能力的好老師,才能讓任何根器狀態的學生在修行上得到最大的利益。

二、建立「漢傳禪修師資培訓課程」的教學架構

（一）現場操作與層次分明的教學示範

　　另一方面，筆者也發現聖嚴法師不僅提出了核心的學習目標，歷經多年教學經驗的累積後，法師也逐漸建構出其「漢傳禪修師資培訓課程」的教學架構。首先以「次第禪觀」（五停心觀、四念住）為禪修師資的基礎認知與學習，並透過現場直接操作、實驗與測試各種禪法技巧，讓學生們能在教學示範與實際操作中，更具體地掌握這些次第禪法的運用善巧。

　　其次，在面對西方文化中較為理性、科學的人格特質，聖嚴法師常常將教材內容，以「階段」、「層次」且盡可能白話的方式分類詮釋這些觀法的內涵。在各種觀法的教學上，呈現出聖嚴法師的教學架構：先作名詞解釋、分類，再進一步從運用方法的時機點、轉換層次的關鍵處等，更極為細膩與清晰地讓師資們掌握箇中的竅門。最後，法師也會比較每一種方法產生的功能、最高可達到的境界等修證狀態，或是各方法彼此間如何交互運用，以達到提昇與轉化境界的效果等。

　　因此，可以發現聖嚴法師在身教、言教中，盡可能做到過去禪修經驗中，非常重視的：領眾禪修者要能教

授基礎而有次第的修行方法,以讓初機修行者有個入手、下手處,不要重蹈法師過去「盲目摸索、枯坐多年而不得力」的景況。

(二) 以禪宗傳統文獻為漢傳禪法教學內容的重心

從這些文本資料的分量看來,「次第禪觀」僅占了六筆,相較於有超過三十筆資料的「禪宗」文獻,的確可明顯呈現出聖嚴法師僅將次第的禪法視為基礎、輔助性的教材,法師應是更重視讓這些西方弟子能更廣泛的認識:具有豐富而多元內涵的「中國禪師」教法,也即是不只有禪宗的祖師,還有非禪宗卻具有禪法特色的其他中國禪師。

聖嚴法師在祖師系列課程中,先是讓學生理解每一位禪師核心的禪法思想、其對禪宗未來發展的重要貢獻,再直接進入教學的重心:每位禪師必經的修證歷程,即師徒之間的互動過程、這過程中經歷了哪些身心轉化的層次及證悟境界。從這批文本內容的比重上來看,聖嚴法師特重於讓師資們能善於明辨:修行過程中,對於「心」的變化、「覺察」與「覺悟」、「悟境」等不同的內涵,也是法師對所選取的禪宗文獻教材的教學重心所在。

聖嚴法師在立下以學習祖師的「精神」為核心目標後，在接續的課程中，讓學生們逐漸地充實身為一位禪修老師，應具備的、完整的「次第禪觀」與「中國禪法」的觀念與方法。再從聖嚴法師在課程中所示現的身教與言教，學習與掌握了禪修教學的理論脈絡與操作技巧。最後，聖嚴法師在數年的教學相長中，不僅得以漸漸統合與善用了過去閉關、留日時期的理性分析與系統化的學術能力，更在與這群西方弟子互動中，逐漸積澱出具其個人特色，且能被北美佛教環境所理解、接納的「漢傳禪佛教的理論與修行」內涵。

第二節　研究討論

一、是建立一套「漢傳禪法教學系統」的關鍵期

從如上許多發現的教學特色中，可以發現最先值得思考的即是教材選擇的問題。從第一手的文本內容中，常常可以看到現場口譯者（大多為王明怡）、西方弟子等人與聖嚴法師的問答。問答大多是因為對一些佛法名詞、禪宗術語的不了解，尤其是在修行方法與悟境解說上的詢問更是不少。雖然上課的學生幾乎都是經過聖嚴

法師篩選、同意後才能參加師資班，但不表示每一位學生都能即席吸收所有的教學內容，尤其是漢傳的禪法。除了因為東西方語言理解上的隔閡外，對法師最大的挑戰常常是需要一再解釋一些禪境上的具體意義與重要性。

這些現象在數年的教學中從來沒有少過，為何聖嚴法師仍不辭辛勞的、依然要介紹這麼多禪宗祖師的修證經驗與禪法思想呢？除了如他所言的，只要能出現一、二個能人之才，就足以在北美環境大力地推動漢傳的禪法外（但此能人之士畢竟不易出現），法師內心深處是否還有其他的想法呢？經筆者與指導教授討論後，我們思考到一種可能性：在這些西方弟子中，有不少是已經在其他禪中心，特別是具日本禪法傳承的禪師所建立的禪中心學習數年至十數年的禪法，也有一些禪修的體驗，聖嚴法師可能想藉由課程中師生間不斷地互動問答中，得以漸漸了解西方眾對漢傳禪法感興趣與想學習的內容是什麼。更在數年間不斷收集諸多訊息後，法師也因此漸漸得以形成一套足以在北美禪佛教環境中，能讓西方人士獲益，並在那環境中產生影響力的漢傳禪法教學系統。

二、建構漢傳佛教藍圖

在這師資教學過程中，聖嚴法師也曾參訪過北美各禪中心，也與一些美國籍在家禪師有互動往來，更觀察到當時「超覺靜坐」團體快速地由盛而衰的現象。另一方面，其他傳承的禪中心，例如藏傳、南傳、韓國、越南等不同源流的禪中心弟子也來到紐約東初禪寺參訪、互動交流。在看到這些禪中心漸漸走向現代化的接眾手法，例如去宗教性的禪堂設計、禪修儀軌的精簡化、西方弟子成為住持等西化的現象後，聖嚴法師在建構其在北美的禪修教學系統過程中，是否也迎合了一些新作風或調整教學內容方向呢？筆者發現是沒有的，聖嚴法師反而朝向使用更為「傳統」的漢傳禪宗文獻為主要教材。在早期的禪期中，法師也是運用戒顯禪師強調的「逆法」：逼拶、棒喝、罵、跪、打、不睡覺等手法來鍛鍊西方禪眾。足見法師在美國的禪中心從來沒有出現「世俗化」或形式上的「現代化」的跡象，資深弟子卻能一直留在禪中心跟隨法師學習這一套極為純粹的漢傳禪法。

聖嚴法師以孕育於中國二千多年文化的漢傳禪佛教理論與修行內容，置入於美國這個一直走在現代化的佛

教環境中,並教授了一批西方禪修師資人才,內心的確期待著未來將由這些在地人才,在他們的土地上傳承與弘揚其所建構出來的、不離漢傳禪法傳統內涵,卻又層次分明、易於學習與能得到受用的禪法。筆者認為,以上現象似乎能符應了汲喆教授所言:「宗教在歷史、文化層面上,無形中對現代化的建構產生了作用」❶的「多元宗教現代性」的發展特質。

三、在傳統與非傳統之間尋求平衡

從這套「漢傳禪法教學系統」的教材內容來看,要做到《禪門鍛鍊說》中所提到的「師家級」人才,若放在早期北美佛教的時空環境中,是否真能完全落實與培養出人才呢?透過聖嚴法師對北美佛教環境與許多禪中心的認識與了解,筆者認為法師是主動地選擇了這份教材,用以回應鈴木大拙一系中強調無法言說的神祕經驗(證悟經驗)、不落次第的日本臨濟禪風。聖嚴法師應是認同戒顯禪師的鍛禪立場:關鍵不在於證悟經驗的難以體驗或行者根器的問題,其中的「把柄」(關鍵)在

---

❶ 汲喆,〈如何超越經典世俗化理論?——評宗教社會學的三種後世俗化論述〉,頁 55-75。

於這位禪師在鍛禪過程中「活用」的能力。因此，只要能訓練出有這樣能力的禪修師資人才，不論是來自何方、任何根器的行者，應該都能得到禪法的受用與利益的。

因此，相較於當時諸多美國禪師所弘傳的日本臨濟禪「傳統」，聖嚴法師處在這樣的禪風潮流中，其禪修教法就顯現出是「非傳統」、「非主流」的「小眾」。然而，從使用中國禪法教材的角度來看，聖嚴法師卻又不局限在「禪宗傳統主流」所流傳的禪法思想與鍛禪手法，於其禪修教學中不斷強調「牛頭、神秀、天台，都應屬於中國禪的系統，中國禪法不僅是南宗一個系統」。也即是，聖嚴法師所著眼的「中國禪法」，一直是想要脫離中國禪宗發展史中，以南宗禪為主流思想的傳統立論，不斷為西方弟子建立一個能跳脫此一「傳統」思維，而更為開闊、具整體觀的「漢傳禪佛教」、「中國禪法」的內涵。

這是一場在「傳統」與「非傳統」之間，極力找到各自的特色，又不局限於各自的框架、尋求平衡的漫長歷程。雖然數年的師資培訓課程，於本書中沒能進一步探究更具體的教學成果，但，在諸多第一手文本資料中，法師所散發出的這些努力是顯而易見的。未來若因

緣具足，或可將之放在現今日益受到重視的「生命教育」師資養成方向，除了陳錫琦以一部經典來看待培養生命教育師資的內涵，其實還可以有類似聖嚴法師在西方對禪修師資循序漸次的養成方式，或許對生命教育師資內在生命質地的轉化上、可以在生命教育傳統教學體制之外，建構出另一種結合聖嚴法師此一「禪法教學系統」的生命教育師資培育教學系統，或可為現今的生命教育走出一個全新的局面。

第三節　研究限制與未來研究方向

一、研究限制

　　本書由於以「師資培訓課程」第一手文本資料為主要研究對象，卻也受限於無法做到相對客觀的文本解讀、分類與重點節錄等方法，這是本研究最大的研究限制。同時，各文本所呈現的樣貌，也因已無可考的當時的時空因緣，不論是收音效果、保存狀況、內容前後接續等問題，都是文本分析過程中無法完全避免與克服的「現實」。因此，在課程特色的分析過程中，文本之間的內在指涉關係，的確依靠筆者本身對聖嚴法師禪修教

法的客觀性掌握程度，雖然筆者已盡可能努力了，但屬於詮釋上所隱含的主觀性依然無法避免。此為限制之一。

另一方面，由於所選擇的時空為早期的北美，特別是初創時期的東初禪寺。筆者雖有一年在東初禪寺領執，接觸過少部分可能是早期的學生（當時是完全不認識），卻因時間空間的文化差異性，在理解這些師資當年時空背景與學習狀況時，還是無法完全掌握實際的狀態。因此，在行文分析與詮釋時，僅能就有限所知與資料呈現相關內容。此為限制之二。

最後，本書其實是對聖嚴法師諸多面向的研究成果中，可算是第一次使用法鼓山僧團內部的師資培訓課程材料為研究對象，幾乎沒有相近的前例可循，雖有以上不可避免的限制，但作為此一主題的初探成果，的確尚可成為後來者相關研究的奠基石，並朝向以下所述、未來可能的研究方向繼續開展與深入探索。

二、未來研究方向

在許多「師資培訓課程」的文本中，聖嚴法師常常提到一些弟子的名字，例如：丹・史蒂文生、詹姆士、王明怡、Rikki Asher 等人。這些當時參與培訓的西方

弟子們，是否真的有朝向聖嚴法師當年所期待的方向，成為禪中心的禪修師資、教授禪法呢？從《禪通訊》在1981年至1985年期間的新聞報導中，的確曾記錄了聖嚴法師不在美國期間，仍然會定期舉辦初級禪訓班、禪二或禪三，以及持續每週的禪坐共修。雖然沒有特別註明帶領者的姓名，卻也有些記錄指出是由聖嚴法師指派的資深學生來教授與指導禪修。（參見「附錄3」）

同期亦有些高學歷的西方弟子，例如：丹．史蒂文生（《牛的印跡──禪修與開悟見性的道路》重要的編輯者）即已在禪中心定期講授佛教經典內容、或作主題演講。另一方面，從現在禪中心（東初禪寺）的官網，也可以看到週日講經、英文禪訓班，仍然有邀請當年少數幾位學生授課或演講。❷因此，有關師資培訓課程為禪中心所帶來的影響，以及這批學生後來的發展等，是未來值得繼續探討的議題。

另一方面，培訓課程的教材內容與教法，若能再與北美當時的其他禪中心所教授的禪法內容，例如南傳的

---

❷ 聖嚴法師當年所培養的西方居士師資弟子們，至今仍扮演佛教老師、禪修師資的角度。可以在禪中心每月的活動通訊看到：例如：Rikki Asher, Harry 等西方眾。可參考：https://www.chancenter.org/eblasts/CMC/20230927/index.html。

內觀、數息法,或韓國、越南禪寺所教的臨濟、曹洞禪法等,作一相互的參照、比較研究,或許更可發現聖嚴法師的禪修教學與同時期其他禪中心的禪法不同之處。因為這些涉及不同的研究方法,以及更廣泛的資料收集層面,只能留作未來可以進一步研究的方向。

最後,聖嚴法師在事隔十年後,1998年紐約上州的象岡道場創建後,亦開辦了第二梯次的師資培訓班。本書由於時間與能力的限制,沒有將之納入為研究範圍與材料中。如果未來能再將這兩個梯次的師資培訓課程,綜合整理與比較分析,應可看到在過了十年後聖嚴法師禪修教法的演變歷程與不同的特色,這也是有待未來有緣者能進一步研究與探討的。

三、小結

中國禪宗早期的北宗門下即有相關文獻,記載不少男女在家居士,在當時著名的禪師處參禪、修道、證悟、被印可與咐囑弘化一方之事蹟。足見早期中國叢林門戶開放的程度是相當高的,甚至可以說是沒有僧俗的門檻,只要能證悟實相、照見本來面目,皆可得到禪師印可,也有資格成為指導禪修的師資人才。更有甚者,居士禪師也會撰寫具有當時禪法特色的著作流傳後世。

時光快速穿梭至現代二十世紀初的北美佛教環境，正是第一代美國居士禪師遍布北美各地創建禪中心的時代，「禪」已然成為美國人認識佛教的重要途徑與學習重心。聖嚴法師在這樣的時空環境中來到了北美，也趕上了這股潮流，開始漸漸走向成為一名「禪師」之旅。在那被李四龍視為是「禪的本土化最終依賴於歐裔美國禪師」的發展趨勢中，聖嚴法師所創建的禪中心，的確也是靠著西方弟子們的長期照顧、經營、弘化，才能走到 1986 年剃度了越南籍的華裔果元法師後，開始固定有出家弟子住持寺務、帶領禪修的另一個新階段。

　　「在家弟子」在美國許多的禪中心雖然扮演了非常重要的角色，然而，在聖嚴法師早期禪修教學歷程中，「居士佛教」仍尚未形成固定的發展趨勢，具有出家形象的中國禪師，如聖嚴法師，在美國各大學仍具有吸引力、也依然被視為「只有中國的出家人才足以代表漢傳禪法的傳承者、才能堪任講說與教授中國禪法的理論與實際修行」。當然，能夠到大學演講、介紹與教授禪法，也是依靠法師的西方弟子們在各大學的因緣而促成。這些西方弟子在跟隨聖嚴法師數年、禪中心成立後，因各種課程活動的擴大發展與持續，許多師資人力的需求因此增加，延續數年師資培訓班的禪修教學因緣

就此形成。

綜觀聖嚴法師的師資教學內容，其之所以選取「傳統」的漢傳禪宗祖師著述、修道證悟歷程等為主要的材料，除了個人禪修歷程的深切感悟，以及為漢傳僧侶的身分定位外，放在美國佛教發展的整體脈絡來看，聖嚴法師在教學中白話、口語的詮釋手法、次第而有系統的方法引導等，的確如俞永峰所言的具「現代化」特色。

聖嚴法師對此禪修師資的培訓，一直是主動地選擇以「傳統」的禪宗文獻教材為教學的基調，是為法師在自身深厚的漢傳禪文化基礎上，不僅沒有受到北美當時禪修風氣日愈世俗化、不強調宗教核心自內證體驗的潮流所影響，反而掌握了現代西方人士想要快速見到效果的人格特質，在數年中順勢而為地「創造」出一套適合西方弟子的「漢傳禪法教學系統」。此一現象，筆者亦視之為是具有宗教「多元現代性」的發展態勢。

最重要的是，透過聖嚴法師最後總結篇的文本——禪佛教的理論原則與實際修行方法——的提出與說明，筆者認為是聖嚴法師在歷經數年的禪修教學、禪修帶領經驗的積累下，於前文所言的「在傳統與非傳統之間尋求平衡」下所產出的最終成果。此或可視為：聖嚴法師晚年所成立的「中華禪法鼓宗」中，「頓中開出次第化

的漸修法門」思想的活水源頭。

　　最後，透過本書，筆者未來希望能在「生命教育」領域中，有關探索生命內在最根本的本質相關教學中，可以作為一個參考的藍本，用以區別出目前東西方一般的生命教育學程內容。換言之，聖嚴法師的禪修教學，特別是對禪修師資養成中，重視呈顯「禪修」最大的功能與特質：即是對身心產生純然內化、轉化、循序漸進地改變生命內在質地。此實際而有效方法，不僅讓禪修師資能親炙法師身教與言教兼備的示範教學，個人在禪法的修持體證上有所依循及印證，更因此而養成與具足了這些教學弘化的能力。因是之故，相較於一般的教育、師資培育，本書之研究或者更能呈顯出聖嚴法師的禪修師資教學，已然跳脫出既有制度面的框架，提供了在生命轉化的教育方式上，有不同的思考面向。

參考文獻

藏經原典：

CBETA online, https://cbetaonline.dila.edu.tw/zh/

CBETA 電子佛典集成，中華電子佛典協會 https://www.cbeta.org/cd/index.php

《禪門鍛鍊說》，CBETA 2022.Q1, X63, no. 1259 // R112 // Z 2:17。

英文專書：

Master Sheng Yen. (1989). Autobiography. *Getting the Buddha Mind* (2nd ed.). New York, NY, US：Dharma Drum Publications.

―― (1999). Ch'an Training. *Subtle Wisdom: understanding suffering, cultivating compassion through Chan Buddhism*, New York, NY, US：Doubleday.

Paul David Numrich. (2012). 7 The North American Buddhist

Experience. David L. McMahan edit., *Buddhism in the modern world*. London: Routledge.

Richard Hughes Seager. (1999). The American Setting. *Buddhism In America*. New York: Columbia University Press.

中、日文專書、譯著：

伊吹敦著，三崎良周編（1992）。〈『頓悟眞宗金剛般若修行達彼岸法門要訣』と荷沢神会〉。《日本・中國　仏教思想とその展開》。東京：山喜房佛書林。

李四龍（2014）。《美國佛教——亞洲佛教在西方社會的傳播與轉型》。北京：人民出版社。

李佩光（2020）。〈附錄六　沒有床的大家庭〉。《金山有鑛》。臺北：法鼓文化，《法鼓全集2020紀念版》（第6輯第4冊）。

李果然（2020）。〈附錄七　夢中的拓荒者〉。《金山有鑛》。臺北：法鼓文化，《法鼓全集2020紀念版》（第6輯第4冊）。

林其賢著（2000）。《聖嚴法師七十年譜（下冊）》。臺北：法鼓文化。

林其賢編著（2016）。《聖嚴法師年譜》。臺北：法鼓文化。

康莊（2015）。〈前言〉。《禪宗非語言行為之語言研究（上）》。新北：花木蘭文化。

廖肇亨（2018）。《倒吹無孔笛——明清佛教文化研究論集》。臺北：法鼓文化。

釋見一（2000）。〈第四章 漢月之禪法與教學特色〉。《漢月法藏之禪法研究》。臺北：法鼓文化。

釋常慧（2004）。《聖嚴法師佛教教育理念與實踐》。臺北：法鼓文化。

釋聖嚴著，薛慧儀譯（2007）。〈第四章 修行〉。《禪門第一課》。臺北：法鼓文化。

釋聖嚴著，薛慧儀譯（2009）。〈聖嚴法師自傳〉。《如月印空——聖嚴法師默照禪講錄》。臺北：法鼓文化。

釋聖嚴（1980）。〈自序〉。《禪的體驗》。臺北：東初出版社。

——（2020a）。〈附錄二 美國佛教的源流〉。《日韓佛教史略》。臺北：法鼓文化，《法鼓全集2020紀念版》（第2輯第3冊）。

——（2020b）。〈一〇、中國佛學院〉。《火宅清

涼》。臺北：法鼓文化，《法鼓全集 2020 紀念版》（第 6 輯第 5 冊）。

──（2020c）。〈六二、回到美國兩個月。《行雲流水》。臺北：法鼓文化，《法鼓全集 2020 紀念版》（第 6 輯第 8 冊）。

──（2020d）。〈佛教的信仰和教義〉。《佛教入門》。臺北：法鼓文化，《法鼓全集 2020 紀念版》（第 5 輯第 1 冊）。

──（2020e）。〈新與舊〉。《拈花微笑》。臺北：法鼓文化，《法鼓全集 2020 紀念版》（第 4 輯第 5 冊）。

──（2020f）。《明末佛教研究》。臺北：法鼓文化，《法鼓全集 2020 紀念版》（第 1 輯第 1 冊）。

──（2020g）。〈附錄三　他山之石──羅契斯特禪中心訪問記〉，〈附錄四　牧牛與尋劍──新英格蘭禪化記行〉。《東西南北》。臺北：法鼓文化，《法鼓全集 2020 紀念版》（第 6 輯第 6 冊）。

──（2020h）。〈四三、紐約第五十次禪七〉，〈四五、到美國五十年〉，〈四六、出入學府在北美〉。《金山有鑛》。臺北：法鼓文化，《法鼓全集 2020 紀念版》（第 6 輯第 4 冊）。

——（2020i）。〈夢中人的夢話〉。《禪的理論與實踐》。臺北：法鼓文化，《法鼓全集 2020 紀念版》（第 4 輯第 18 冊）。

——（2020j）。〈四念住〉。《禪的世界》。臺北：法鼓文化，《法鼓全集 2020 紀念版》（第 4 輯第 8 冊）。

——（2020k）。〈正與邪〉，〈宗通與說通──禪與教〉。《禪的生活》。臺北：法鼓文化，《法鼓全集 2020 紀念版》（第 4 輯第 4 冊）。

——（2020l）。《禪的體驗・禪的開示》。臺北：法鼓文化，《法鼓全集 2020 紀念版》（第 4 輯第 3 冊）。

——（2020m）。〈《禪門鍛鍊說》要略 戒顯禪師〉。《禪門修證指要》。臺北：法鼓文化，《法鼓全集 2020 紀念版》（第 4 輯第 1 冊）。

——（2020n）。〈百丈懷海〉。《禪門驪珠集》。臺北：法鼓文化，《法鼓全集 2020 紀念版》（第 4 輯第 2 冊）。

——（2020o）。〈「五停心觀」修行法〉。《禪鑰》。臺北：法鼓文化，《法鼓全集 2020 紀念版》（第 4 輯第 9 冊）。

──（2020p）。〈從東洋到西洋〉。《留日見聞》。臺北：法鼓文化，《法鼓全集2020紀念版》（第3輯第4冊）。

期刊論文：

John R. McRae（2011）。〈中國禪學「機緣問答」的先例〉。《中國禪學》第5期。北京：中國社會科學出版社（劉梁劍譯）。

王宣曆（2017）。〈聖嚴思想融合之歷史根源與特色〉。《臺大佛學研究》第34期。臺北：臺灣大學文學院佛學研究所。

伊吹敦（2008）。〈墓誌銘に見る初期の禪宗（上）〉。《東洋学研究》第45期。東京：東洋大學東洋學研究所。

── 著，王徵譯（2010）。〈墓誌銘所見之初期禪宗〉。《宗教研究》。北京：中國人民大學佛教與宗教學理論研究所。電子全文：https://researchmap.jp/read0049396/published_papers?limit=50&start=1。（搜尋於2023年9月28日）

──（2012）。〈東山法門的修行生活以及禪觀的意

義〉。《佛教禪坐傳統研討會論文集》。臺北：法鼓文化。

李四龍（2004）。〈美國佛教研究的近況〉（上）（下）。《普門學報》第 19、20 期。高雄：普門學報社。電子全文：http://buddhism.lib.ntu.edu.tw/FULLTEXT/JR-MAG/mag203271.pdf。http://buddhism.lib.ntu.edu.tw/FULLTEXT/JR-MAG/mag203627.pdf。（搜尋於 2022 年 12 月 8 日）

李玉珍（2016）。〈聖嚴法子繼程──馬佛與臺佛締結華人佛教圈〉。《臺灣宗教研究》第 15 卷第 2 期。新北：臺灣宗教學會。

──（2016）。〈語境傳承──聖嚴法師的文字化禪修〉。《聖嚴研究》第 7 輯。臺北：法鼓文化。

──（2017）。〈跨地同坐一門禪修──聖嚴法師的國際弘法〉。《聖嚴研究》第 9 輯。臺北：法鼓文化。

汲喆（2008）。〈如何超越經典世俗化理論？──評宗教社會學的三種後世俗化論述〉。《社會學研究》第 4 期。北京：中國社會科學院社會科學研究所。電子全文：http://shxyj.ajcass.org/Magazine/show/?id=72395。（搜尋於 2023 年 10 月 4 日）

周玟觀（2020）。〈半生幸入三峰社 —— 從晦山戒顯看清初遺民僧的日常生活〉，《佛光學報》新 7 卷第 1 期（宜蘭：佛光大學佛學研究中心，2021 年 1 月），頁 37。

林建德（2013）。〈印順及聖嚴「如來藏」觀點之對比考察〉。《臺大中文學報》第 40 期。臺北：國立臺灣大學中國文學系。

俞永峰（2010）。〈聖嚴法師與禪宗之現代化建構〉。《中華佛學研究所三十週年專刊》。新北：中華佛學研究所。電子全文：http://www.chibs.edu.tw/ch_html/CHIBS30/pdf/images/139_176.pdf。（搜尋於 2023 年 6 月 30 日）

張雅雯（2021）。〈三峰派參禪鍛鍊：論仁山寂震之參禪第一步要訣〉。《法鼓佛學學報》第 29 期。新北：法鼓文理學院。

高柏園（2002）。〈論佛教生命教育的根本精神與現代意義〉。《第十二屆國際佛教教育文化研討會專輯》。新北：華梵大學。

陳錫琦（2002）。〈佛教禪宗生命教育之研究 —— 以六祖壇經為對象〉。《第十二屆國際佛教教育文化研討會專輯》。臺北：華梵大學。

游美惠(2000)。〈內容分析、文本分析與論述分析在社會研究的運用〉。《調查研究——方法與應用》第 8 期。臺北：中央研究院人文社會科學研究中心調查研究專題中心。電子全文：https://www.rchss.sinica.edu.tw/pdfjs/full?file=/10/archives/83bd6c40ae9f5158?SRMA_08-01_You.pdf#zoom=115&pagemode=thumbs。（搜尋於 2023 年 10 月 17 日）

華梵佛學研究所，國際佛教教育研討會編印（1999）。〈歷屆發表論文篇名索引〉。《佛教教育研討會十屆特刊》。新北：華梵大學。

黃庭碩（2022）。〈書評〉。《漢學研究》第 40 卷第 4 期。臺北：漢學研究中心。電子全文：https://www.airitilibrary.com/Publication/alDetailedMesh?。（搜尋於 2023 年 10 月 17 日）

鄧偉仁（2016）。〈傳統與創新——聖嚴法師以天台思想建構「漢傳禪佛教」的特色與意涵〉。《聖嚴研究》第 8 輯。臺北：法鼓文化。

釋常諗（2014）。〈當代女禪師的培養與弘化——以法鼓山僧團的比丘尼為例〉。《聖嚴研究》第 5 輯。臺北：法鼓文化。

附錄

附錄 1：聖嚴法師早期禪修教學之「師資培訓課程」列表（1981-1985）

【表格說明】
1. 本書所參考與整理之文本，為「聖嚴法師數位典藏資料庫」授權之「師資培訓課程」文本資料，並列出各文本之基本時空、主題，再由筆者「分類－編碼」。
2. 編碼說明：T 代表 Training「訓練禪師」；S 代表 Stage「次第禪觀」；C 代表 Chan「禪宗祖師」；NC 代表 Non Chan「非禪宗祖師」；GS 代表「頓與漸」；TP 代表「思想與方法」。

年代	開示日期	項目❶	主題	分類編碼	類計❷
1981	1981/05/20	師資培訓班—訓練禪師	戒顯《禪門鍛鍊說》1	訓練禪師 T1	6
1981	1981/06/03	師資培訓班—訓練禪師	戒顯《禪門鍛鍊說》2	訓練禪師 T2	
1981	1981/06/10、17	師資培訓班—訓練禪師	戒顯《禪門鍛鍊說》3	訓練禪師 T3	
1981	1981/06/24	師資培訓班—訓練禪師	戒顯《禪門鍛鍊說》4	訓練禪師 T4	
1981	1981/07/08	師資培訓班—訓練禪師	戒顯《禪門鍛鍊說》5	訓練禪師 T5	
1981	1981/07/22	師資培訓班—訓練禪師	戒顯《禪門鍛鍊說》6	訓練禪師 T6	
1982	1982/04/28	數息、隨息、觀丹田	五停心觀 1	次第禪觀 S1	5
1982	1982/05/19	不淨觀、慈悲觀	五停心觀 2	次第禪觀 S2	
1982	1982/06/09	慈悲觀、因緣觀	五停心觀 3	次第禪觀 S3	
1982	1982/06/16	因緣觀、界分別觀	五停心觀 4	次第禪觀 S4	

❶ 除了 1990 年、1991 及 1993 年的五份文本不是在「師資培訓課程」中所講的內容外，其餘皆是，故不另列明。

❷ 「類計」是指經過分類後，該類別的「錄音檔」總數量，即「文本」(指依現存錄音檔聽打出來的逐字稿) 的數量。有些主題會有幾個錄音檔的逐字稿文本，除了是同一主題分數次講授外，也可能是更換錄音帶時的計數。

1982	1982/06/23	界分別觀、念佛觀	五停心觀 5	次第禪觀 S5	
1982	1982/12/15	馬祖道一	祖師系列 1	禪宗祖師 C1	
1982	1982/12/22	百丈懷海 1	祖師系列 2	禪宗祖師 C2	
1983	1983/01/05	百丈懷海 2	祖師系列 3	禪宗祖師 C3	
1983	1983/01/12	百丈懷海 3 黃檗希運 1	祖師系列 4	禪宗祖師 C4	
1983	1983/01/19	黃檗希運 2 溈山靈祐 1	祖師系列 5	禪宗祖師 C5	9
1983	1983/01/19	溈山靈祐 2	祖師系列 6	禪宗祖師 C6	
1983	1983/01/26	溈山靈祐 3	祖師系列 7	禪宗祖師 C7	
1983	1983/07/22	大慧宗杲 1	祖師系列 8	禪宗祖師 C8	
1983	1983/07/22	大慧宗杲 2	祖師系列 9	禪宗祖師 C9	
1984	1984/05/09	僧稠 1	祖師系列 10	非禪宗祖師 NC1	
1984	1984/05/09	僧稠 2	祖師系列 11	非禪宗祖師 NC2	4
1984	1984/05/16	僧稠 3	祖師系列 12	非禪宗祖師 NC3	
1984	1984/06/13	僧稠 4	祖師系列 13	非禪宗祖師 NC4	

1984	1984/06/20	四念住	次第禪觀	次第禪觀 S6	1
1984	1984/06/27	牛頭法融 1	祖師系列 14	禪宗祖師 C10	5
1984	1984/07/11	牛頭法融 2	祖師系列 15	禪宗祖師 C11	
1984	1984/07/18	牛頭法融 3	祖師系列 16	禪宗祖師 C12	
1984	1984/07/25	牛頭法融 4	祖師系列 17	禪宗祖師 C13	
1984	1984/11/07	牛頭法融 5 懷讓禪師	祖師系列 18	禪宗祖師 C14	
1984	1984/11/21	漸悟與頓悟 1	漸悟與頓悟	頓與漸 GS1	3
1984	1984/11/21	漸悟與頓悟 2	漸悟與頓悟	頓與漸 GS2	
1984	1984/12/05	漸悟與頓悟 3	漸悟與頓悟	頓與漸 GS3	
1984	1984/12/12	神秀禪師 1	祖師系列 19	禪宗祖師 C15	2
1984	1984/12/12	神秀禪師 2	祖師系列 20	禪宗祖師 C16	
1984	1984/12/19	慧思 1	祖師系列 21	非禪宗祖師 NC5	2
1985	1985/01/02	慧思 2	祖師系列 22	非禪宗祖師 NC6	
1985	1985/01/09	禪宗的理論與修行 1	理論與修行	思想與方法 TP1	

1985	1985/01/16	禪宗的理論與修行 2	理論與修行	思想與方法 TP2	
1985	1985/01/23	禪宗的理論與修行 3	理論與修行	思想與方法 TP3	5
1985	1985/01/30	禪宗的理論與修行 4	理論與修行	思想與方法 TP4	
1985	1985/06/12	禪宗的理論與修行 5	理論與修行	思想與方法 TP5	
1985	1985/07/10	介紹初祖至五祖的歷史 1	祖師系列 23	禪宗祖師 C17	2
1985	1985/07/10	介紹初祖至五祖的歷史 2	祖師系列 24	禪宗祖師 C18	
1990	1990/10/21	中國禪師與禪堂	訓練禪師	訓練禪師 T7	
1991	1991/10/18	如何養成一位禪師 1	訓練禪師	訓練禪師 T8	
1991	1991/10/18	如何養成一位禪師 2	訓練禪師	訓練禪師 T9	5
1993	1993/05/24	禪師的條件 1	訓練禪師	訓練禪師 T10	
1993	1993/05/24	禪師的條件 2	訓練禪師	訓練禪師 T11	

類別	(1) 訓練禪師	11	備註： 依此簡表粗略的統計結果，仍可看出除了十二筆文本資料的主題非禪宗類外，其餘三十七筆文本皆引用禪宗內部文獻或思想為其師資培訓課程的教材。
	(2) 次第禪觀	6	
	(3) 禪宗祖師	18	
	(4) 非禪宗祖師	6	

	(5) 頓與漸	3	
	(6) 思想與方法	5	
總計	6 類	49 筆	

附錄2：第一代美國禪師簡介❸

序號	禪師簡介
1	沃斯（Alan Watts, 1915-1973） 【背景／禪中心名／地點】 ・英國肯特郡出生 ・為英國聖公會牧師 ・十五歲親近以弘傳禪宗而著名的韓福瑞（Christmas Humphreys），熱心東方藝術與禪學 ・二十歲著《禪之精神》（1936年出版） ・1947年出版《禪宗史新編》 ・《禪道》❹系列的禪學論著 ・《披頭禪、方塊禪和禪》、《禪與披頭之路》等系列 【特色】 (1) 對當時禪的著作評述： 　・鈴木的《禪宗論集》主題過於散漫、不夠系統 　・《禪宗導論》過於專業 　・韓福瑞《禪宗》模糊了佛教與神智學的差異 (2) 禪學思想：

❸ 主要整理自李四龍，《美國佛教——亞洲佛教在西方社會的傳播與轉型》〈第五章之四、美國禪師〉之內容，頁147-158。筆者並參考其所引用的原文資料，增添部分內容（另註明出處）。其參考的資料有：Helen Tworkov, *Zen in America: Five Teachers and the Search for American Buddhism*, New York: Kodansha America, 1994. 初版：San Francisco: North Point Press, 1989。

❹ 本書上篇談道家哲學、梳理印度佛教的思想發展，下篇從「空與妙」、「兀然無事坐」、「坐禪和公案」、「藝術和禪」四要點，闡述禪宗的原則和實踐。此書滿足了當時美國青年的知識渴求。資料來源自李四龍，《美國佛教——亞洲佛教在西方社會的傳播與轉型》，頁149。

	・從印度教、早期大乘佛教思想入手討論禪的哲學基礎 ・從佛教與道家融合的角度分析禪的興起 ・討論禪在日本藝術和生活裡的獨特表現 (3) 在當時的影響力： 　・以比較宗教學的立場，希望回歸東方之道 　・為當時美國青年學禪的著名導師之一，從中汲取東方的靈性
2	卡普樂（臺灣譯為凱普樓，Philip Kapleau, 1912-2004） 【背景／禪中心名／地點】 ・生於美國康乃狄克州紐哈芬 ・青年時代即好日本的宗教與文化 ・曾為軍事記者 ・1947年於日本遇見鈴木大拙，1951年在哥倫比亞大學聽其講座 ・1953年至日本寺院習禪十三年，師從龍澤寺中川宗淵、發心寺原田祖岳與安谷白雲 ・1965年剃度出家 ・1966年回美國紐約建立「羅契斯特禪中心」，為第一位辦道場的美國本土禪師，後在多處建立分支道場、遍布歐美的「禪中心」 ・1986年傳法給克約海德（Bodhin Kjolhede） 【特色】 (1) 禪中心的運作： 　・禪七活動、佛學研討 　・每年辦兩期為時三個月的禪修營 (2) 教禪特色： 　・注重禪法的美國化 　・以英文唱誦、西式服飾打坐、西文法名 　・佛教儀式的西方化 　・將《心經》譯為英文 　・於1987年脫離安谷白雲的「三寶教團」獨立出來 (3) 在當時的影響力： 　・走遍各類高校、研究機構、學術研討會

	・著述豐富，很受讀者歡迎 ・《禪門三柱》❺尤其著名，成為現在歐美的禪學經典，能為西方社會接受的禪修方法的拓荒之作
3	艾肯（Robert Aiken, 1917-2010） 【背景／禪中心名／地點】 ・生於美國費城 ・曾為日本俘虜，卻因此接觸一位作家而認識坐禪 ・皈依日本禪，是宗演禪師的再傳弟子 ・於1959年在夏威夷創辦「金剛僧伽會」、設「坐禪窟」禪堂，建立禪中心 ・為日本禪師與美國佛教交流的重要窗口 ・為佛教界參與社會問題的代表人物 ・曾前往日本學俳句、與千崎如幻學禪，向中川宗淵、安谷白雲請益 ・1974年成為禪師 ・著作豐富：《禪之波浪：芭蕉俳句和禪》、《無門關》、《禪宗倫理學論集》 【特色】 (1) 禪中心的特色： 　・致力於改變日本教團的傳統模式，不再注意某一種權威力量，想把禪堂變成信眾能參與、共同管理的道場 　・鼓勵成員間彼此溝通、消除自我中心、開放自我 　・禪中心不是避難所，而是一種生活動力的來源，使有良知的人能積極外向，參與社會 (2) 成立「佛教和平會」組織： 　・在西方社會頗有影響力 　・到監獄傳授打坐的方法 　・越戰期間輔導應徵入伍和反戰的年輕人 (3) 禪法特色：

❺ 本書主要講述日本現代禪師的禪修經驗，從教學、實踐與覺悟三方面（三柱）告訴西方讀者如何修禪。含禪師的講座、訪談、書信與開示。

	・批評日本的佛教太過注重「空性」的價值，而忽略了「色」（物質、現實）的意義 ・佛教應相信現代的菩薩道，參與社會運動
4	格拉斯曼（Tetsugen Bernard Glassman, 1939- ） 【背景／禪中心名／地點】 ・生於紐約猶太家庭 ・為前角博雄的法嗣 ・曾在航天領域工作多年 ・1963年於洛杉磯曹洞宗禪寺修禪 ・1968年成立「洛杉磯禪中心」 ・1976年得到前角的傳法 ・1979年成立「紐約禪學社」，擔任曹洞宗在紐約的道場禪心寺住持 【特色】 (1) 禪中心特色： 　・研究禪宗公案、參話頭 　・積極推動禪宗的生活化、農禪 　・成為自給自足、以工作為修行的社區 　・借助工作彼此交流，工作才是真正的修行 　・傾向於傳統的亞洲管理模式 (2) 重視： 　・以佛法為基礎的社群 　・必須依靠已經開悟的禪師為主要領導
5	貝克（Richard Baker, 1936- ） 【背景／禪中心名／地點】 ・生於緬因州 ・屬於鈴木俊隆法脈 ・曾是舊金山禪中心住持，後自立門戶 ・1966年剃度出家，1971年得到鈴木傳法 ・1983年因婚外情而離開禪中心，另在新墨西哥州聖塔菲成立「達摩僧伽禪中心」，約有二、三十人

	【禪中心特色】 ・經營「綠谷農場禪中心」、「塔薩亞拉禪山中心」、「綠色素館」 ・常有數百人去打坐
6	孔威廉（William Kwong, 1935-） 【背景／禪中心名／地點】 ・生於加州聖羅莎 ・為土生土長的華裔 ・1960 年隨鈴木俊隆習禪 ・年輕時看鈴木大拙的著作，聽沃斯的廣播節目 ・深受舊金山詩人反主流文化思潮的影響，著一身髒黑衣服、長筒靴逛桑港寺……，從披頭族的髒黑至禪門的緇黑 【特色】 (1) 禪中心特色： 　・1973 年於加州自創禪中心 　・為日本曹洞宗的「孔老師」 　・遠離城市、恪守曹洞宗的古風 　・修「只管打坐」 (2) 禪語著述： 　・《無始無終》（*No Beginning, No End*）
7	斯圖亞特（Maurine Stuart, 1922-1990） 【背景／禪中心名／地點】 ・生於加拿大 ・1949 年移居法國，讀到《東方思想導論》接觸到禪宗、東方文化 ・1966 年至紐約參加嶋野榮道主持的「禪研究會」活動，跟隨安谷白雲學禪 ・1970 年居麻州牛頓小鎮，開設一禪堂 ・1977 年剃度出家，不久自立門戶 ・1979 年主持波士頓「劍橋佛教協會」

	・1982年為中川宗淵印可，授予「禪師」稱號 ・1990年因肝癌病逝 【特色】 ・著眼於女眾在僧團的地位，積極改革 ・著有《微妙音：莫里恩・斯圖亞特說禪》
8	佐佐木露絲 （原名：露絲・艾沃略，是沃斯的岳母，1883-1967） 【背景／禪中心名／地點】 ・為美國禪宗重要的先驅之一，故被稱為「禪師」 ・多年支持紐約「美國第一禪研究所」（為創始人），後成為日本旅美禪師佐佐木指月的夫人，更名為此 ・1958年在日本大德寺剃度，成為真正的禪師 【特色】 ・主要譯介臨濟義玄、龐居士的語錄 ・著有《禪：一種宗教》、《禪：宗教覺醒的方法》、《禪塵與公案》
9	肯尼特（法雲慈友，Houn Jiyu-Kennett, 1924-1996） 【背景／禪中心名／地點】 ・生於英格蘭 ・美國著名的曹洞宗禪師 ・加州「霞斯塔寺」住持 ・父親為佛教信仰，故十六歲即參加上座部僧團活動 ・受鈴木大拙禪學思想影響 ・1952年捨南傳，加入「倫敦佛教會」，悉心推介鈴木大拙禪法 ・1962年於馬來西亞剃度，屬臨濟法脈 ・1963年得到遲參禪師的傳法，成為日本曹洞宗的禪師 ・1969年到舊金山，創辦「弘禪社」，1976年成立「霞斯塔寺」，為曹洞宗道場 【特色】

	・建寺安僧、弘法利生 ・大學講師，介紹禪宗和佛法 ・著述：《禪是永恆的生命》
10	**恆實**（Christopher R. Clowery, 1949- ） **【背景／禪中心名／地點】** ・生於美國俄亥俄州 ・宣化上人的嗣法弟子 ・1976年在萬佛城出家 ・依中國傳統儀式受具足戒，隨宣化上人參禪修行 ・「三步一拜」事蹟 ・精通多國語言，漢語強 **【特色】** ・對禪宗、華嚴有研究 ・對佛教在美國的發展有研究 ・對儒家與佛教的關係研究 ・以佛曲接引信眾，出版音樂專輯《波羅蜜：美國佛教民謠》 ・電腦高手，製作法界佛教總會網頁 ・積極參加美國科技界定期舉辦的科技與心靈的會談

【作者李四龍的評述】

1. 此十人代表了過去五十年美國人的禪宗認識和具體實踐，是「禪法西漸」的重要突破。
2. 這些人積極探索禪宗在西方的表現方式、實踐模式，乃至最基本的英語表達方式。
3. 美國禪師的禪，不是日本的或中國的禪，也不是美國的禪，而是「禪與西方思想的調適」。（托沃科夫，《禪在美國》）
4. 這些禪師的禪法特色：
   (1) 不以「開悟」為圭臬，也不以「起信」為歸趣。
   (2) 立足於精神治療，以「對治」為根本。
   (3) 具有美國「實用主義」的氣息：
      ・重視禪師的「道德品性」和「心理素養」二大標準。
      ・當年的嬉皮士已步入中年，成了中產階級，對「開悟」

已沒興趣。
　　・這是禪宗史上一種新現象。
5. 二戰以前，美國的禪以宗演、鈴木大拙的臨濟為代表；六〇年代以後，曹洞禪聲勢日漸顯著，其禪中心大量出現，禪的修法形式多樣。
6. 西方人對「禪」的理解，不再停留於鈴木的臨濟禪，不再以神祕主義籠統地看待禪宗，而是在道元禪裡發現了理性的因素。
7. 他們所理解的禪，含整個東亞佛教傳統、藏傳與南傳的禪法。有些美國人遠赴東南亞學習內觀禪，與喇嘛學佛修密。
8. 但，美國本土的禪師，主要還是在日本禪師的引導下成長起來的。這些禪師願意守護東亞的傳統，並在積極探索適合美國人的「美國禪」。
9. 世俗諦 —— 禪法生活化、迎合袪病強身、延年益壽的心理，把打坐與體育鍛鍊結合、類似瑜伽修練。
10. 真諦 —— 以比較宗教學、比較哲學的方法，探究人類精神生活共通的奧祕……，類似「基督禪」的理念。

附錄3：聖嚴法師早期禪修教學事蹟簡表❻
（1976－1985）

No.	分期	日期	禪修教學事蹟／地點	性質／內容
1	大覺寺時期【第一階段禪修教學】	1976/01/25	開設「週日靜坐班」／美國紐約大覺寺	一般的禪坐共修
2		1976 05/03 至 08/07	開辦第一期「禪坐特別班」／美國紐約大覺寺	次第學習的禪坐課、助手訓練課程❼
3		1976/09	接東初老人曹洞第五十一代之法脈	「人不在焦山，雖可得其法而不可承其位。」❽
4		1976/11	於哥倫比亞大學開設五週的「初級禪坐訓練班」	十小時的初級禪修課程
5		1976 至 1977	共計開辦三次「禪坐特別班」	每梯次十四週（每週六三小時），從初階的方法教至進階的禪的方法❾

❻ 本表格以聖嚴法師早期的美國禪修教學及居士師資培訓課程內容為主，內容主要參考自林其賢，《聖嚴法師年譜》第三卷之內容。以及英文《禪》雜誌、《禪通訊》（Chan Magazine, Chan Newsletter）相關內容。

❼ 釋聖嚴，〈四五、到美國十五年〉，《金山有鑛》，頁209-213。

❽ 釋聖嚴，〈參禪法要〉，《禪門修證指要》，頁249-250。

❾ 參考 Sheng-Yen (1979). The Brief History of the Chan Center. *Chan Newsletter*, no.1, November. "The special classes wherein the Master taught a sequence of meditation methods, starting from the elementary methods up to the more advanced Ch'an methods."。

6		1977/03	・創辦《禪》雜誌（*Chan Magazine*） ・第一、二期收錄三梯次「特別班」的學員上課心得報告記錄❿	開始是為了收錄學生的心得報告而創辦，後來逐漸以聖嚴法師的開示英文翻譯為主
7		1977 05/12 至 05/20	第一次禪七／紐約長島菩提精舍	連協助的日常法師在內，一共九人⓫
8		1977 06 至 07	最早講《六祖壇經》／大覺寺	共四次課程⓬
小結	(1)1976 年至 1977 年，為第一階段的禪修教學，屬於通盤式的教學，只稱為「初級」或「特別班」，沒有明顯分階、分級。「禪坐特別班」為法師首次開辦類似初階禪修助手的培訓課程。 (2)1977 年 12 月 15 日東初法師坐化，聖嚴法師返臺，與美國佛教會、大覺寺、菩提精舍的因緣因此暫告一段落。 (3)1978 年在美國沒有舉辦禪七，卻於 1978 年 11 月開啟了在臺灣文化館的第一次禪七，並於 1979 年 4 月返美前，在臺共計辦了三期禪七。			
9		1978 至 1979 共計有二百位學生參與初階與進階禪修課程⓭	・改變方式：將原來十四週的課程，拆分成初級、進階二班，開始將教學內容分類、分級 ・上過初階、進階課	・初級課：四至五週，新學生，每週六早上九點 ・進階課：十週，上過初級課，即可直接進入，每週六下午三點

❿ Sheng-Yen (1977). Master Sheng-Yen's Remarks. *Chan Magazine* 1(1).

⓫ 釋聖嚴，〈《禪門囈語》自序——夢中人的夢話〉,《書序》,《法鼓全集 2020 紀念版》，第 3 輯第 5 冊，臺北：法鼓文化，頁 181-182。

⓬ 參考 *Chan Magazine* 1(3). 1977、1(4). 1977、1(5&6). 1978。

⓭ 相關內容參考 Master Sheng-Yen (1979). The Brief History of the Chan Center. *Chan Newsletter*, no.1, November 1979。

10	林邊時期【第二階段禪修教學】	1978	・程後，可以繼續參與每週日下午講經後的禪坐共修，到寺院接受師父的親自教導 ・4月返回美國 ・6月辦第二期禪七，講「公案禪」❹ ・9月辭卸美國所有職務 ・9月21至24日辦短期禪五，於大覺寺❺ ・10月返臺 ・11至12月於臺辦第一、二期禪七 ・12月5日傳承靈源老和尚臨濟法脈	・1978年是法師在美弘化較不穩定的一年，也是改變非常大的一年 ・開始指定一些弟子，於其不在美國期間帶領大眾禪坐及教授初級禪訓班課程❻

❹ 參考 News: Semi-annual Meditation Retreat, Kung-ans Lectures. *Chan Magazine* 1(5). Summer 197。

❺ 於《禪》雜誌的新聞記載，此時的禪期已經開始有資深學生協助所有的外護工作，例: Rikki Asher, Buffe Laffey, Winnie Ma, Linda Rader, Dan Stevenson, Karen Swaine, Dan Wota, 以及已經出家的果忍師（Paul Kennedy）。*Chan Magazine* 1(6). Fall 1978.

❻ 參考 News: Schedule of activities during Shih-fu's absence. *Chan Magazine* 1(6). Fall 1978. 記載："Students of the beginning class will also practice meditation, receiving instruction from students who have been designated instructors by Shih-fu during his absence."。

11		1979	・4月返美,流浪街頭兩個月 ・5月辦禪七、成立禪中心 ・紐約「禪中心」正式成立前,在美國已陸續辦了四次禪七 ・11月22至25日四天的禪期／禪中心(皇后區林邊)❼	・成立禪中心後,開始有固定的弘化駐錫地點,得以積極地推展禪修教學 ・11月《禪通訊》發行
12		1979 11/30至12/2、 12/2至12/9、 12/28至12/30	週末禪三／禪中心(皇后區林邊),共計三期❽	此禪三,大多自週五晚上七點開始,至週日晚上七點結束
小結	(1)1979年4月因搬離大覺寺,暫時在Ernest Heau的住處每週共修,兩個月後搬至皇后區林邊租處,成立紐約的「禪中心」。 (2)1978年至1979年為第二階段的禪修教學,開始分級、分階段,於聖嚴法師不在美國期間,自1978年起由其指派(經過培訓)的助手帶領禪坐共修、協助指導初階的學員,以及為大眾分享佛法、中文教學。聖嚴法師在美國期間,仍由其親自教授初階及進階禪修課程。			

---

❼ 於1979年5月成立「禪中心」最早的租處:皇后區林邊社區。1980年1月再遷至新址:皇后區可樂那艾姆赫斯特處(90-31 Corona Avenue Elmhurst, New York.)。參考 News Items. *Chan Newsletter* 2 (pp.5-6). December 1979。

❽ 相關內容參考 News Items. *Chan Newsletter* 1 (p.4). November 1979。

	(3) 於 1980 年 1 月始遷入新購於可樂那大道 90-31 號二層樓房，正式進入新的固定道場、全力推動禪修弘化階段。開始每年辦四次禪期。❶			
13	東初禪寺初期【第三階段禪修教學】	1980 05/23 至 05/30	於禪中心（皇后區艾姆赫斯特）第一次辦禪七，開始於禪七中固定開示禪宗祖師的詩偈	・開示憨山大師〈觀心銘〉 ・禪眾七人❷ ・〈觀空五層次〉
14		1980 06/27 至 07/04、07/18 至 07/25	於禪中心辦兩次禪七	講〈禪修的四大障礙〉（統一心的三個層次及無心）
15		1980 08/04 至 09/14	於臺灣連續辦四期禪七	講〈永嘉證道歌〉
16		1980/11 開始	・星期三特別課程 ・師資培訓班／紐約東初禪寺 ・於每週三下午教授為期十週的課程，培訓一群高級學生，以協助他指導禪修❸	對象：參加過兩次禪七以上者，課程強調方法學、內在精神層次的發展❹

---

❶ 釋聖嚴，〈四三、紐約第五十次禪七〉，《金山有鑛》，頁 191。《聖嚴法師年譜》，頁 400。

❷ *Chan Newsletter*, 5(p.3). May 1980. 開示內容英文版刊登於：*Chan Magazine* 2(5&6). 1981。

❸ News Items. *Chan Newsletter* 9 (p.3). November 1980. 記載：Shih-fu is presently teaching a ten week course to train a group of advanced students to

17		1980 11/26 至 12/03、 1981 01/08 至 01/16	於禪中心舉辦兩期禪七	講〈默照銘〉
18		1981 02 至 03、05……	・聖嚴法師不在美國期間，禪中心舉辦三場週末禪三（週五至週日）㉓ ・多由法師指派的居士師資帶領 ・並開放報名參加額外的、非正式指導禪修方法的時段，由法師所教導的助手負責類似「禪修指引」的課程㉔	由於辦得非常成功，後固定為每月第二週的週末辦禪三㉕

be able to assist him in the teaching of meditation。亦見記錄於：李佩光，〈附錄六 沒有床的大家庭〉，《金山有鑛》，頁357。

㉒ News Items. *Chan Newsletter* 13 (p.3). May 1981. 記載：Wednesday evenings Shih-fu is continuing to teach a class to train assistants (open to those who have participated in two retreats), which was begun last winter. Whereas the last class emphasized teaching methodology, the present class concentrates on inner spiritual development。

㉓ News Items. *Chan Newsletter* 11 (p.3). February 1981.

㉔ News Items. *Chan Newsletter* 13 (p.3). May 1981. 記載：Those who would like a more informal introduction to meditation practice are welcome to come on Tuesday evenings at 8:00 for a free introductory lesson taught by Shih-fu's teaching assistants。

19		1981 02 至 03	在臺舉辦三期禪七	講：憨山大師〈修悟六原則〉、雲棲袾宏《禪關策進》
20		1981/05/20 開始	・5月10日東初禪寺正式落成啟用 ・星期三特別課程 ・師資培訓班／紐約東初禪寺	講《禪門鍛鍊說》六次課程
21		1981 05 至 07	於禪中心舉辦三期禪七㉖	皆講〈信心銘〉
22		1981 07/11 至 07/18	中級禪訓班兩週／紐約東初禪寺	講：精神無限、時間空間無限、大小與有無、打坐與平常生活
23		1981/11/18 至 1982/06/23	・星期三特別課程 ・師資培訓班／紐約東初禪寺 ・強調此課程需經法師允許方可加入㉗	講：師徒接心問答、真假禪師、五停心觀系列課程
24		1982 05 至 07	於禪中心舉辦兩期禪七	內容詳見《禪通訊》㉘

㉕ News Items. *Chan Newsletter* 112(p.3). March 1981.

㉖ 林其賢，〈第一冊 民國七十年／西元一九八一年〉，《聖嚴法師年譜》，頁414-417。

㉗ News Items. *Chan Newsletter* 20 (p.3). March 1982. 此年記錄為：Ch'an Training — Advanced Class. Open to those who have completed Basic Meditation Training and have participated on two retreats, subject to Shih-fu's approval. 此次記載再強調：參加過初級禪修培訓，以及要獲得師父允許方可參加此培訓課程。

㉘ Sheng-Yen, The Other Side. *Chan Newsletter* 22. Discovering your Faults. Look for Suffering. *Chan Newsletter* 23.1982.

25		1982/12/25 至 1983/01/01	於禪中心舉辦禪七	講〈永嘉證道歌〉，連續三年的禪七內容
26		1982/12/15 至 1983/07/22	・星期三特別課程 ・師資培訓班／紐約東初禪寺 ・調整課程名稱為「師資培訓課程」❷	禪宗祖師系列介紹：開悟歷程、接眾手法、師徒問答等 馬祖道一、百丈懷海、黃檗希運、溈山靈祐、大慧宗杲
27		1983/05/09 至 1985/01/02	・星期三特別課程 ・師資培訓班／紐約東初禪寺	禪宗祖師系列介紹：僧稠禪師、牛頭法融、神秀、慧思
28		1985/01/09 至 1986/07/16	・星期三特別課程 ・師資培訓班／紐約東初禪寺	・禪宗的理論與修行、曹洞宗的歷史與理論、初祖至五祖 ・石頭希遷〈參同契〉、洞山良价〈寶鏡三昧歌〉、永嘉大師

❷ 1983年名稱更改為：Teachers Training Class. 參考 News Items. *Chan Newsletter* 32 (p.3). September 1983。「聖嚴數法師數位典藏資料庫」統稱這一系列課程為「師資培訓課程」，目前可看到的文本資料亦至1986年為止。

❸ 有關禪宗祖師的開悟詩偈講解文本，因在聖嚴法師後來的禪七期間大多都有更詳盡的解說，且已整理出版成書籍流通，故這些主題的文本資料不列入本論文研究範圍及此表格中。同時，此課程於1987年即更名為 Wednesday Special Class，並已開放給一般會員或參加過初級班者皆可參加，不再為專門培養禪修師資而開的課程了。參見 News Items. *Chan Newsletter* 59 (p.3). March 1987。

				〈證道歌〉㉚
小結	(1) 自 1980 年開始的禪七，內容主要講中國禪宗祖師的開悟詩偈，約五位禪師。 (2) 於 1981 年開始於星期三開設師資培訓班，持續至 1986 年，五年中介紹了超過十位的禪宗祖師生平修道事蹟爲主，兼述師徒間之問答與悟境的說明。 (3) 於 1980 年至 1982 年（或 1985 年）爲第三階段的禪修教學，已經非常明確且集中地以：中國禪宗之祖師及禪法等內容，作爲禪七期間及居士師資培訓課程的主要內容。 (4) 於 1980 年開始有居士講師於禪中心授課及指導禪修。 例：畢業於哥倫比亞大學宗教系的 Dan Stevenson 於禪中心講 "History of Zen Buddhism in China"，每週日下午，共十堂課。㉛其於 1981 年 3 月亦講授《心經》，每週日上午，共四堂課。㉜同時，也爲住在曼哈頓區想學禪修的新人，於哥倫比亞大學校區開辦免費的初級禪修指導，由 Dan Stevenson 負責指導。㉝			

㉛ 參考 News Items. *Chan Newsletter* 3 (p.3). February 1980。
㉜ 參考 News Items. *Chan Newsletter* 11 (p.3). February 1981。
㉝ 參考 News Items. *Chan Newsletter* 12 (p.3). March 1981。

附錄4：聖嚴法師「五停心觀」教學內容摘錄[34]

【說明】

列出講解的內容，主要目的是可以看到聖嚴法師如何以白話的方式，為西方弟子們說明這五種觀法：如何使用該方法、使用的時機、用功的階段、產生問題後的對治、不同的層次與功用、達到的目的等等。

S1-1 數息法：方法

觀法	內容
數息法	**方法1：** 出入息同時數——多一倍的注意力、減少一倍的妄念。 條件：呼吸要自然、不控制。 **方法2：** 走路的時候觀呼吸——一步吸、一步呼；或單一隻腳跨出去時吸、提起來時呼。後來可以再加上數字，1至10。 （在經行時用，平時走路不用）

S1-2 隨息法：時機、階段與對治

觀法	內容
	方法使用的時機： 時機1：數息數得相當好時可以隨息——注意力不放在鼻孔，而是清清楚楚呼吸的出與入。 時機2：非常疲倦時，沒有力氣集中心力數息時——注意呼吸的出入，但可能一半是糊塗的，一半是清楚的。

---

[34] 列表內的文字，主要是從「師資培訓課程」第一手文本資料，經筆者重新斷句、分段、列標後的文字。選取自「附錄1」之 S1、S2、S3、S4、S5 文本之整理筆記。

隨息法	**隨息過程可分三階段：** 第一階段： 就是注意隨息的念頭，隨著這個呼吸的出入而緊緊地守住你的鼻孔，不是跟著呼吸一直進去。 第二階段： 當呼吸漸漸地深、氣漸漸地往下時，自然而然變成了小腹在動，這時候不要故意地鼓動小腹，小腹是自然地律動。 第三階段： 吸氣的時候，雖然還是在腹部，但是自己感覺到每吸一口氣，這個氣息會流到全身，就好像整個的身體在充氣；每一個血管以及皮膚，甚至於手指間、腳趾間都會感覺到很舒暢，吸氣的時候會感覺很舒暢。 此時，每一次吸氣和呼氣的時候，還是隨息，隨著氣息而自然地吸氣、呼氣。身體會感覺到好像是一充氣又放氣了、充氣又放氣。身體不論是充氣也好、放氣也好，都是很舒服的，會感覺到整個的身體都很舒服。這個方法用到最後，會感到輕安。就是身體非常地輕鬆，一點煩惱也沒有，一點妄想也沒有，輕安以後心就穩定下來了。 **問題對治：** 1. 發熱時──注意入息，因為入息是涼的。 2. 發冷時──注意出息，因為出息是暖的。 3. 頭發漲／頭暈──注意力放在腳掌，先從觀上面這隻腳。如果注意力很容易集中的時候，很快地集中後，可以同時觀想。 **運用隨息法過程中會出現的狀況與對治：** 當用隨息非常用力的時候，可能會一直注意鼻子在呼吸，可能你會覺得頭會發硬，因為注意力都是在頭部的關係。注意力本來是在鼻孔，非常容易在吸氣經過腦門時，你會停在注意腦門，因此很可能會造成頭會痛、會漲，會漲痛。這情況發生以後，就不能用隨息的方法了。不能再用這方法來打坐了，而是把注意力放到腳掌上。 頭漲、頭痛、頭暈時，都是因為你的注意力太強，頭部用腦太多了，所以要去觀腳掌的這個位置。（湧泉穴）先觀上面的那隻腳掌，再觀下面的那隻腳掌。如果注意力很容

易集中的時候，就可以兩隻腳掌同時觀想。如果兩個腳是交叉的怎麼辦呢？那就觀腳趾頭上。

產生的作用：
當我們頭的壓力慢慢減少、釋放了、鬆弛了，氣就是被引到下面去、到腳掌上。這個時候你呼吸到哪裡去了？你還是隨息，同時注意力在腳掌，但是每一次的呼吸，你會感覺到隨著呼吸的一呼一吸，這個地方（腹部）會一高一低，或者是擴大一點，或者是有一種感覺出來，最初好像是有個感覺在裡面，慢慢地會暖和，也有人會感覺到清涼，但是這個方法是不是永遠的？不是，這是有病的人（頭漲／痛／暈）才用。

S1-3 觀丹田：上中下的位置、觀的時機與方法、境界

觀法	內容
觀丹田法	**觀丹田的方法：** 用這個方法也達不到禪的邏輯，但是可以作為修行禪的基礎。 丹田分三種：上、中、下。 1. 上丹田：是在我們頭的，依頭尾整個的範圍，就是從面容上看是最中心的部分、兩個眼睛的中間。 2. 中丹田：橫隔膜上面、兩個乳房的中間。 3. 下丹田：肚臍眼為中心，以肚臍為中心。 **觀「上丹田」的時機與方法：** ・在觀上丹田的時候，因為不容易觀，所以應該想像這個地方有一個光，好像印度人有一個什麼東西在這個地方，一個珠、一個光、一個亮點在這個地方。 ・在這個很不容易頭腦集中的時候，開始可以用，但是不能用久，用久頭會痛。 ・如果觀得好，開始的時候是一點亮，像珍珠亮，有光暈非常清涼的光，從這地方產生。產生以後，首先看的這是在你的中間一點，然後看看看看，變大起來，整個頭就是這個光，後來漸漸地一直往外擴展，全部的身體變成一個光，而你自己就是光，沒有其他的。

	觀「中丹田」的時機與方法： ・當我們的呼吸不太均勻、呼吸困難、不順，或是身體非常地「畏懼」、非常虛弱，可以觀中丹田。 ・看中丹田的時候，想像這個部分是月亮。 ・剛開始，月亮好像離我們很遠，在空中好遠的地方有個月亮，在哪一點呢？在我們這個地方。然後漸漸、漸漸地看著它大起來，月亮漸漸地靠近我們。大到我們身體的，結果可能整個的身體都變成月亮了，然後環境也都變成月亮了，很可能。自己覺得月亮在這個地方，本來月亮在心裡、在丹田裡，結果自己在月亮裡。 **最後達到的境界：** 用丹田，可能有幾種現象反應，如果做到好的話： 第一幫助我們感到暖，這暖會在你的身體內，向上或者向後，通過你的肛門的後面，從脊椎上面傳上去。或者是從你的前面往上，小腹到胸部然後到你的嘴、到你的胸部還有喉嚨，很可能有這個現象，這是第一種現象。 第二種現象，你暖了以後，身體局部的暖，漸漸地擴散到全身的暖，不是熱而是暖。經過暖的階段以後，你因為身體感覺到的不舒服、緊張消失了，所剩下來的，就是非常輕鬆、非常地舒服。 因此到最後，你自己身體的感覺，坐在那裡感覺很輕、很舒服，感覺實在很好。到了這個程度，其他的宗教──道教、印度教，任何的方法到此為止沒辦法再上去了，沒辦法再往上。 觀丹田最好的狀態，就是到這樣子而已。

S3 因緣觀：層次與功用

觀法	內容
	講述重點： ・為西方弟子建立：緣起法的觀念，對人與人的關係，練習用因緣法去看待。 ・重點在強調：所有的關係都是和合、變動、不實在的。

因緣觀	・從小我到大我、大我到無我的認識與體會。 ・以四層次來說明因緣觀：1. 觀有與無；2. 觀時間；3. 觀空間的容量；4. 看變動的主體。 **用生活實例說明因、緣、果的關係：** 一個父親跟一個母親加起來可能會產生第三個人，所以父親和母親是一個「緣」，這個「緣」而接下來就生了孩子，那個孩子是結「果」了，因此那個緣本身就變成因，所以父母的關係是「因」，如果父母沒有關係，則「果」結不起來。 不是父親能夠生孩子，也不是母親能夠生孩子，母親和父親都不能生孩子，只有父親和母親的那個關係才生孩子，因此，這個「因」，不在於父親，「因」也不在於母親，「因」是在父親與母親的關係，那關係究竟是什麼，就「關係」而已。所以只是這個關係而有，「緣」的本身不是實體存在的。 **「觀有與無」的實例說明：** 許多的人都認為我們這個世界上每樣東西都是有的，但是，最實在的存在是認為有自己，如果自己都沒有了，他還有什麼東西呢？ 首先認為自己是一定有的，很少想到自己有沒有，再想到這個東西、那個東西是有的，所以這個東西也要、那個東西也要，丟掉了東西就覺得很可憐、很傷心，沒有得到的時候想趕快得到、希望得到……，最後是不是真的有？ **第四個層次的功用：（看變動的主體）** ・打破「存在」的觀念，一切皆是虛幻不實的。 ・打破「主體」的觀念，提出六界、界分別觀。 ・在過去我們講的有幾個重要的方法：不淨觀、數息觀，主要是想向內看自己的身心，從自己的身體和念頭，主要是觀察自己，向內看。 **修因緣觀與慈悲觀的不同功能：** 「慈悲觀」讓我們對眾生產生慈悲，「因緣觀」則是讓我們能夠達到無我。這個無我，不是打坐參禪的時候，從小我、大我變成無我（的「無我」）。

| | 從慈悲觀可以產生「大我」，就是一切眾生跟我是一樣的，當然，這並不是慈悲觀的目的，但修慈悲觀產生「大我」是容易的。而因緣觀是要產生真正的「無我」，所以是更進一步的。 |

S4 界分別觀：觀四種相、目的

觀法	內容
界分別觀	**五種觀法的修法比較說明：** ・可以從內在和外在的身心來看。 ・數息觀、不淨觀，就是看我們自己內在的身心。 ・界分別觀，則包括內在的身心，以及身外的東西。 ・內在有身、有心，身外有環境，因此就是內外一起觀想。 ・這與不淨觀和數息觀兩者有關聯，但又不相同，所以修法比較困難一點、比較複雜一點。 **分四部分解釋：** 1. 觀自相（分析六個界的關係） 2. 觀共相（六界共同的部分） 3. 觀黑白相（好壞業） 4. 觀時間相 **此觀法的目的：** ・目的就是了解我們的存在，是存在於在這個不存在的地方、存在於不實在的情況下，因此對於自己的存在不會很驕傲。 ・這方法主要是去驕傲的、去我相、消除「大我」的相。 ・「大我」相是什麼呢？是外相，這些都不存在，所以說在內，沒有「我」、在外「我」也不存在。 **四部分的重點：** 第一部分，觀自相： 觀六界個別的相，稱為內身和外身。內身和外身都是地、

水、火、風、空識，一共是六界。內身，一共有六界，外身也有六界；外身本身只有五界，可是我們感覺到有外身的話，那就變成六界。

第二部分，觀共相：
六界的共同處都是「無常」，因為是無常的所以是空的，因為是空的所以是無。假如說，你看不到空，或者知道空，還要執著它，那就是「苦」。我們修的目的是從「無常」到「無我」，之所以能從「無常」到「無我」的原因，是因為「空」的緣故，這是觀六界的共相。

第三部分，觀黑白業：
是觀這六界，如果我們雖然知道身體是六界組成的，但是還是執著它的話，就會與「黑業」相應、與「無明」相應、與「煩惱」相應。
相反地，如果你知道六界的組成是暫時的、是空的、是無我的，這個時候就是與「白業」相應、與「智慧」相應。

第四部分，觀時間相：
從時間上看這六界，就是連續地變動。
從時間上看，我們的生與死，是六界連續不斷地變化過程，如此而已，其實沒有真正的生滅，即沒有真的生，也沒有真的死。

附錄5：聖嚴法師「四念住」教學內容摘錄[35]

S6 四念住

綱目	內容
S6-1 本講次緣起	**講四念住的緣起／原因：因為與五停心密切相關** 1. 因為講了「五停心」所以要講四念住。 2. 這是很重要的方法，可是很複雜、很不容易修。僅大概介紹一下。 3. 佛入滅時，阿難問佛有何要交代的？除了「如是我聞」、「以戒為師」、「默擯」外，就是提到修行的方法「以四念住為主」，表示是所有佛所說的修行方法中最重要的。 4. 五停心主要對治有亂心的人、散心的人，能夠讓心集中起來、漸漸達到定的程度。不是教人開悟的、用這方法也開不了悟。 5. 四念住是修了五停心後，心可以穩定了、安定了，然後再依四念住來發慧、開發智慧。但這開發出來的慧，不是無漏慧，還是有漏的智慧。意即：在心安定的狀況下，一直看身、受、心、法，以智慧來看這四者，同時達到出三界的目的。 6. 四念住只要在心安定狀態就可以修，不用到深定。五停心可以得定，但沒有慧，四念住是要發慧的。得過定後，不一定是在定境中修四念住，定中無法修，而是得定以後的人才修四念住。 7. 五停心與四念住有絕對密切的關係：每次從五停心得到定（一定要得定），再出定後才修四念住，這是個次第的、次第禪觀。

---

[35] 選取自「附錄1」之 S6 文本之整理筆記。

	8. 五停心是「奢摩他」，即是「止」；四念住屬於「觀」，是「毘婆舍那」。 9. 是得定後，從定出來修四念住，這是有定、有止，然後再修觀。這與天台宗講的止觀均等是不一樣的。
S6-2 修「四念住」的目的	**說明修「四念住」的目的在破「四顛倒」：** 1. 四者：身、受、心、法。身——身體；受——身體的受；心——對「受」產生的反應、執著；法——身、受、心，它們所產生的種種的一切都是「法」。 2. 「法」：一切因緣所生的，無一不是法；身、受、心本身就是法。 3. 此觀法的目的：對治四種顛倒——清淨的「淨」、快樂的「樂」、永恆的「常」、自我中心的「我」。因為這四顛倒，所以無法出三界、一直在生死中。 4. 四顛倒中，「我」是根本。因為有「我」，所以錯認為「常」（永恆）；而「常」又是從「受」（精神）而來，「受」是從「身」（物質）而來，精神與物質是互相影響、無法分開的，所以身心的感受，就成了「我」，假想這個我是永恆的。即便是禪定中、定的感受，心是存在的，存在的我、是大的身體、大的我。所以要用四念住來達到破四顛倒而出三界。
S6-3 身念住	**解釋「身念住」：與「不淨觀」不相同** 1. 師父覺得是與五停心的「不淨觀」不同的。 2. 四念住的「觀身不淨」，不是指身體很髒、很臭，「不淨」的意思是煩惱的根源，叫作「不淨」。觀身有煩惱叫作「不清淨」。 3. 師父認為：一般的說法，把「觀身不淨」視為與五停心的「不淨觀」一樣，但事實不應該那樣解釋，層次有衝突。

S6-4 受念住	解釋「受念住」：觀受是苦 1. 一般人對身體的感受是「樂」的、清淨的，因為愛自己的身體，這是一種顛倒想。 2. 「觀身不淨」，就是這個身體帶來的不是好事、都是麻煩事、不清淨的事。不清淨的事就是煩惱的根源、製造對立的根源，製造生死的根源，就是我們的身體。 3. 舉例說明一般人認為身體是「樂」的現象： 　(1) 肚子餓的時候，吃得很舒服；渴的時候，喝得好舒服。 　(2) 身體髒的時候，洗個澡好舒服；累的時候，睡得好舒服；熱的時候，風吹來吹得好舒服……，所以這個身體很可愛……。 4. 有「苦」的時候，但是不會記得，都記得好的，覺得如果都只記得好的，還要身體做什麼？所以，感覺到的、記得的都是好事，所以是顛倒想。所以，身體是「受」的根本。 5. 指出所有一切的樂都是苦的因素、製造苦與帶來苦的原因。苦沒有盡頭，樂卻是有限的。現在的苦會帶來未來的苦，身滅了，苦還是苦。 6. 樂只是假象，任何快樂的事，它的代價是苦。
S6-5 心念住	解釋「心念住」：觀心無常 1. 因為「無常」所以是苦的，快樂就是無常的。 2. 「心」是什麼？ 　(1) 是從身體的感受而產生的反應或執著。 　(2) 因為身體的感受，常常不斷地在變，所以我們的心也跟著在變，心念念不停地跟著所有的事物而在變化。 　(3) 那念念不斷地變，這個心叫作「無常」。 3. 一般人：認為心總是永恆的、心不會變的，例：山盟海誓，此心不變。這是「常心」。舉例說明……。 4. 如何觀「無常」： 　(1) 先從身來觀察──心、受隨時都在變化，既然能夠變化，當然就不是常的。

	(2) 既然能夠變化，裡頭有沒有我呢？如果能夠變化的是我，那在變化的過程中，究竟「我」在哪裡呢？ (3) 所以，一切法，不論是心法或色法，無一不因緣和合、暫時的顯現。是每一點、每一點出來，連起來成為一樁事，從時間上看是「過程」，從空間看就是一個「結合體」。 (4) 這「結合體」經常在變、過程也在變，那「我」究竟在哪裡呢？身體是我嗎？心是我嗎？接受的受是我嗎？……放在時間、空間上看，就是因緣的結合、因果的關係，「我」是不存在的。

S6-6
何時用
	在「定」中用「慧」來觀「四念住」
	1. 「定」是指「五停心」，即 Samadhi，三摩地。
	2. 得到定後，用定的力量發慧、產生慧，再用這個慧來觀這四者。
	3. 得定以後，心能夠動，就不叫念頭，而是「慧」，很清楚的慧。
	4. 兩種觀的方法：單獨觀一個或同時一起觀（或三、四）。
	  (1) 開始用功時，觀身，漸漸觀。觀身能夠不斷，再觀受。
	  (2) 觀受又不斷、觀心也不斷時，就三種連起來觀，一起不斷時，這四念住觀就觀成，就進入世第一位，快要出三界了。
	  (3)（接下來講配合煖、頂、忍、世第一，以及十六行相來講太簡略）四念住修得力時，剛剛知道四聖諦的苦諦是什麼，所以是與四聖諦連在一起修的。為什麼「苦」？因為「無常」。無常的，所以「無我」。
	5. 修「四念住」的條件：
	  (1) 發了有漏的智慧才能如此觀，不是用理解的，一定要從五停心開始，而且一定要有「定力」在。

	(2) 修四念住才能理解苦諦，理解苦諦後才願意真正地、確實地生起不退的信心來修道、斷集，而能證滅。 (3) 沒有得到定的話，觀法無我，只是屬於五停心的因緣觀，不是四念住的觀法無我。
S6-7 Q A1	學生問「因果」，是因先果後嗎？ Q：果是不是一定在因之後產生，一剎那之間就會產生？那個果立刻就在因的後面產生？ A：一定是「因果同時」。 Q：那個果是不是可以很長時期？ A：看什麼樣的果，有的果是很長，如果是有漏果，不可能是長時間的，它成為果顯現出來以後，又形成另外一個因。這個果本身再變化，有漏果一定是經常在變的。果本身就是因，產生果的時候已經開始變化。 Q：所以無漏果就是成佛？ A：對！無漏果是阿羅漢、成佛。
S6-8 Q A2	學生問五停心的因緣觀與界分別觀所得的智慧一樣嗎？用中觀的方法可以嗎？ ・是有漏慧，因為對實際還不清楚。 ・唯有證得四聖諦才是無漏慧。 ・不觀四念住，而用中觀的道理可以嗎？ ・中觀不講四聖諦，而是不生不滅不垢不淨不增不減……。

附錄6：聖嚴法師白話講述「百丈懷海」的修證歷程[36]

C2-1 聖嚴法師對原文的白話翻譯[37]

綱目	內容
原文1	師侍馬祖行次，見一群野鴨飛過，祖曰：「是甚麼？」師曰：「野鴨子。」祖曰：「甚處去也？」師曰：「飛過去也。」祖遂回頭，將師鼻一搊，負痛失聲。祖曰：「又道飛過去也！」
白話說明	百丈出家的時候年紀很小，他對於經典和教理已經先學了很久了，聽說馬祖在江西有許多人跟他學，所以他也去了。到了那以後，因為年紀小，就當馬祖的侍者。 有一天他陪著馬祖去散步，走到一個河的邊上，河邊有很多的草，有一隻野鴨在草叢裡，師徒倆經過時，這野鴨大概是受到驚嚇，就突然飛走了。 馬祖就問百丈：「你看那是什麼？」 百丈說：「那是野鴨嘛！」 馬祖又問了：「那現在呢？」 百丈說：「喔！現在牠飛走了！」 這時馬祖很快地抓住了百丈的鼻子將他的頭轉過來，百丈因為鼻子被抓得很痛就哇哇地叫：「哎呀！痛啊！哎呀！痛啊！」 馬祖就說：「還說飛過去了，你說是不是飛過去了？」
原文2	師於言下有省，卻歸侍者寮，哀哀大哭。同事問曰：「汝憶父母邪？」師曰：「無。」曰：「被人罵邪？」師曰：「無。」曰：「哭作甚麼？」師曰：

---

[36] 選錄自「附錄1」之C2文本之整理筆記。（未刊稿）
[37] 此「附錄6」原文，節錄自釋聖嚴，〈百丈懷海〉，《禪門驪珠集》，頁148-149。

	「我鼻孔被大師搊得痛不徹。」同事曰:「有甚因緣不契?」師曰:「汝問取和尚去。」
白話說明	百丈畢竟是一個了不起的人,所以聽到馬祖這麼一問,忽然間好像發現了什麼新的世界出現了。因此他就離開馬祖,回到他自己住的房間裡。回到房間後,他好好地、大大地痛哭了一場,可是跟他同住的人很驚奇,不知道他是為了什麼哭啊!因為看到他年紀輕嘛! 就問他:「你為什麼哭,你是不是想你的父母啊?」 百丈說:「不是的!」 那人又問他:「那你是被人家罵了嗎?是不是呢?」 百丈說:「沒有人罵我。」 同住的又問他:「那你究竟是為了什麼在哭?是不是什麼原因,你可以告訴我嗎?」 百丈說:「沒有其他的,我就是被馬祖抓鼻子抓痛了。」 這個同住的人又問:「那馬祖為什麼要把你的鼻子抓得那麼痛啊?你究竟犯了什麼規。」 他說:「那只有馬祖知道,我自己不知道,你問馬祖去。」
原文3	同事問大師曰:「海侍者有何因緣不契,在寮中哭,告和尚為某甲說。」大師曰:「是伊會也,汝自問取他。」同事歸寮曰:「和尚道,汝會也,令我自問汝。」師乃呵呵大笑。同事曰:「適來哭,如今為甚卻笑?」師曰:「適來哭,如今笑。」同事罔然。
白話說明	這個和尚就去問馬祖說:「和尚你為什麼把百丈的鼻子抓得那麼痛,什麼原因啊?」 馬祖說:「哎呀!去問懷海啦,懷海他自己知道!」 同住的人又回來了,正想問為什麼他哭,欸!他沒有哭了,他在那邊歡喜得不得了地笑、大笑,笑個不停。 這一個人問他:「剛才你哭,現在你又笑,你究竟是為了什麼哭,又為了什麼笑呢?」 百丈他說:「剛才哭,現在笑。」

原文 4	次日，馬祖陞堂，眾纔集，師出卷卻席，祖便下座。師隨至方丈。祖曰：「我適來未曾說話，汝為甚便卷卻席？」師曰：「昨日被和尚搊得鼻頭痛。」祖曰：「汝昨日向甚處留心？」師曰：「鼻頭今日又不痛也。」祖曰：「汝深明昨日事。」師作禮而退。
白話說明	到了第二天，馬祖集合大眾，在講堂裡準備說法。這個百丈當侍者的，他應該是好好地伺候著馬祖，可是很奇怪，馬祖自己把自己的這個位置擺好了以後，他把他的那個座具，這個座具大概是草做的還是什麼做的，就是蓆。百丈一看到馬祖擺了草蓆在上面，馬祖還沒有坐下，他就很快地把它搶走了，把那草蓆捲起來、拿回來。馬祖一看沒什麼可以坐了，不能坐了，他沒有說法，就回到自己住的地方去了。百丈看到馬祖回寮，他就跟在後面去了，一直跟到馬祖的房間。 馬祖說：「我又沒有叫你來，你來做什麼？」 百丈說：「很簡單，昨天鼻子痛，現在不痛了。」 馬祖非常高興，他說：「你已經很清楚地知道你昨天做了什麼事。」 這個時候馬祖看著他：「沒有事了，應該走了吧？」
原文 5	師再參侍立次，祖目視繩床角拂子。師曰：「即此用，離此用。」祖曰：「汝向後開兩片皮，將何為人？」師取拂子豎起。祖曰：「即此用，離此用。」師挂拂子於舊處。祖振威一喝，師直得三日耳聾。
白話說明	可是百丈沒有，百丈看到馬祖的房間裡面，在這個桌子上面放的那個拂子、拂塵。這個趕灰塵或者是趕蒼蠅的用具。 看著那個拂塵，他說：「就是要用它，但是不要理它。」 馬祖搖搖頭說：「你以後除了一張嘴巴、兩片皮以外沒有別的東西了。」 這時候百丈不再講話了，把那個東西拿起來不講話了。剛才沒有拿，現在拿在手上。 這時候輪到馬祖自己講了：「就是要用它，但是沒有什麼用處！」 講的話，跟百丈講的話一樣，剛才罵百丈只有二片皮的嘴巴，現在自己講的話跟百丈講的完全一樣。

	百丈聽到馬祖講完後，就把那個拂塵擺在原來的地方，準備要離開。 他正想要走，馬祖大喝一聲！這個聲音可能比雷還要嚇人，使得百丈耳朵聾了三天，聽不到聲音。這三天的受用好大喔！ 現在我們要解釋裡面的東西了，這裡究竟是講的什麼呢？
原文6	自此，雷音將震，檀信請於洪州新吳界，住大雄山。以居處嚴巒峻極，故號百丈。既處之，未暮月，參玄之賓，四方麏至，溈山（靈祐）黃檗（希運），當其首。 以元和九年甲午歲（西元八一四年）正月十七日歸寂，享年九十五矣。
白話說明	（翻譯：「所以他開大悟的時候還是很年輕，因為他那個時候還是做侍者？」） 師父：「對。」 （翻譯：「他去洪洲大雄山時候，是立刻開始弘法還是修行了一陣子？」） 師父：「立刻開始弘法，他沒有再修行。所以百丈的時代很長，他的壽命又長，他的弘法時間很長，弟子又多，對中國禪宗的貢獻非常大。」 從此以後，他就離開馬祖，離開江西到洪州去。到洪州的大雄山，後來就稱為「百丈山」，在那個地方開始弘揚佛法。 在洪洲的時候，他也得到了很多很多的弟子，而其中最有名的是黃檗希運和溈山。

C2-2 聖嚴法師解析事件的意涵

綱目	內容
解析1	**事件解析1：飛過去的心是什麼心？** 馬祖看到鴨子飛過去，馬祖也知道是鴨子飛過去，為什麼他繼續地問，抓著他的鼻子問：「現在呢？」 ・這個問的現在，一定不是問那個鴨子飛過去了，而是現在的心在哪裡？是問這個。心，是現在、現在、現在，怎麼飛過去啦？ ・飛過去的心是什麼心？是妄心。現在的心，是不動的心，永遠是現在的。
解析2	**事件解析2：百丈清楚了真正的心在現在，高興地哭了！** 因此，抓他的鼻子一問，這個百丈他也知道了，應該用功的心在哪裡啊？他清楚知道真正的心應該是在哪裡，而且他抓住了自己的心應該在哪裡，他曉得了。 ・這個時候他是高興得不得了，從來沒有高興到這個程度，覺得這個世界這麼地愉快、這麼地好、這麼地美，他從來沒有見到過。因此他高興得不得了，高興得大大地哭了一場！不是因為悲哀，雖然是哭，他根本沒有感覺到自己在哭。 ・我們在美國的這個禪七也發生過這種事，在臺灣也曾經發生過這種事。好多人發生過這樣的事，很多人會這樣，大聲地哭，也哭得很厲害。只是程度不同。
解析3	**事件解析3：哭與笑，都沒事！沒什麼好解釋的。** 至於他後來為什麼又笑，因為是換了一個方式，有人跟他講話，講了幾次話以後哭就變成了笑。 ・哭跟笑都是沒有事，對他來講哭的時候哭，笑的時候笑，沒有事。 ・然後他為什麼不告訴人家，他為什麼在哭，為什麼在笑，而要他問馬祖去，馬祖說他自己知道。為什麼這樣講，他到最後還是不告訴人說他哭了又哭，笑了又笑，為什麼？

	・（因為）沒有什麼好解釋的，根本沒有發生什麼事。 ・他自己的經驗就是在哭、就是在笑，你叫他解釋為什麼，他是真的說不出來，也不需要說，也沒辦法說。這是自己的經驗，只有他自己個人才知道。 ・人家看到的是哭、人家看到的是笑，但是他自己的經驗，馬祖知道，和他自己知道，其他的人沒有辦法知道。
解析4	**事件解析4：百丈為何之後要去見馬祖？** 為什麼馬祖說法的時候，百丈把馬祖的蓆子捲了就跑？ ・這個時候百丈的心裡很著急，要去見馬祖，想告訴馬祖他現在的體會。 ・告訴馬祖什麼呢？到了馬祖的房裡以後，他說：「昨天痛、今天不痛了。」 ・這個意思是說：心沒有在動了，「痛」的這個經驗現在不在了！

C2-3 聖嚴法師以四個階段來說明百丈的證悟歷程

綱目	內容
階段1 百丈說話	**百丈拿拂塵表達心境，對著馬祖說：「即此用，離此用。」** 當馬祖告訴百丈：「你知道自己昨天發生了什麼事。」馬祖只是告訴他這樣子的一句話。但是百丈還是不放心，因此看著拂塵講了一句話：「就要用它，但是不需要它。」 ・講這兩句話的意思，就是任何的念頭，用的時候用，用過了以後就抓不住了。也就是說，自己在某個情境下發生了某個狀態，但發生之後，想要再抓住它是抓不住的。 ・事情發生了以後，想要把它保持著、留住它不讓它跑，這是沒有辦法的。

	・就好像我們的念頭，起起伏伏的念頭，發生了，想叫它再停止、讓它停止，想用心讓它停止，是沒有辦法的。 ・「即此用，離此用」，就是「要用它」，但是也要「離開這個用」。
階段2 百丈不說話	**馬祖的回應：你以後只剩二片嘴皮了。百丈不說了。** （馬祖聽完百丈講「即此用，離此用」後） 馬祖就對百丈說：「你怎麼老是用嘴巴？」 ・意思就是說：你的分別心太多了。 　此時，百丈就不用嘴巴、不說話，只把拂塵拿在手上。 ・不用嘴巴，表示不用這個分別心；只把拂塵拿在手上，就這個動作，表示沒有念頭、什麼也不要了。
階段3 馬祖說話	**馬祖反而又說：「即此用，離此用。」** 馬祖看到百丈這個程度，覺得百丈剛開始時分別心太重，現在卻把心停止，又太呆板了，就是死的。因此他又轉回來，還是把百丈的話再重覆一次，但是這個程度是不一樣的。這個跟百丈講的是同樣的話，但是意義完全不一樣。 ・百丈講，是智慧沒有呈顯出來、智慧的功用沒有出來。 ・馬祖因此再講同一句話的時候，這是智慧的顯現、智慧的活用。 ・前者是分別心、百丈是分別心，後者是智慧的顯現，這程度是完全不一樣的。
階段4 悟境現前	**馬祖臨門一吼，百丈耳聾三日。** 現在經過三個階段：百丈講話、百丈不講話、馬祖講話，一共三個階段。在這三個階段之後，百丈聽到馬祖的話以後，他心裡頭又在想：「欸，又是那一句！又是那一句！」就是得到一點了。他心裡好高興。因此他想，好了！覺得滿足要走了。 ・這還是執著、沒有解脫。他又執著那一句，認為現在這句是最好的。

	此時，百丈滿足地就正要走出去了，馬祖此刻就對著百丈大吼一聲！這個一吼，馬祖把百丈的心裡面所有的層次、階段、好與不好、滿意不滿意，全部粉碎掉了。因此在三天之中，耳朵聽不到。 ・他是不是真正的耳朵聾了？百丈的耳朵聾了沒有？的確聾了三天了。是不是他的耳膜破掉了呢？還是有其他意義在裡頭呢？
聖嚴釋	**解析百丈的悟境：深悟** ・關於這三天，百丈的確受用得不得了。在這三天之中，就是六根、六識閉了三天，百丈所講的耳聾，實際上眼、耳、鼻、舌、身全部都去除了。 ・像這樣子的悟境、強烈的悟，是相當難得、相當不容易得到。 ・像有這樣大的一個悟境的人──深悟，可以說是大悟徹底，而能夠保持三天。 ・我們在歷史上很少看到有三天的時間都在大悟內的人，這是祖師的悟。他是很清楚有分別心（生活中），他對他自己的心非常清楚，還是有分別心，並不是永遠沒有分別心，但他三天都是在定中。 ・在這情形之下，身體照樣動、飯照樣吃、一樣的看東西、耳朵照樣的聽，可是沒有分別心，全部都是智慧。 ・在這情形之下，可以說也許他不需要吃飯，禪悅為食。 ・對外一切的事看得清清楚楚、反應得很清楚，也同樣地觀照自己的心，反應他自己的心。 ・就是前念與後念的反應非常清楚。

附錄 7：「聖嚴法師數位典藏資料庫」檔案申請表（授權書）

聖嚴法師數位典藏檔案申請表

申請日期：西元 2022 年 12 月 5 日

申請編號（由審核單位填寫）	DC-2022-01-1205
申請人	釋常慧
身分別	法鼓山體系：□法師 □專職 □老師 ■研究生(學生) 非法鼓山體系：＿＿＿＿＿＿＿＿＿＿
服務機關	法鼓文理學院
職稱	生命教育碩士學位學程二年級
聯絡地址	新北市金山區法鼓路 700 號
聯絡電話	
電子郵件	
研究主題	聖嚴法師禪修教學演變之研究——以西方居士師資課程為主
研究用途	碩士論文：參考之資料及部分整理成閱讀筆記後使用於內文中
申請項目	聖嚴法師師資培訓及禪訓班開示音檔、逐字稿(如附件)
審核	

備註：
*每一個欄位請務必填寫詳實及正確。
*經審核後回覆到您申請的 E-mail 信箱中，或以電話洽詢。
*聯絡電話：(02)2893-4646#6521

智慧海 71

傳心──聖嚴法師早期禪修方式探索
Transmission of Mind:
Exploring the Early Meditation Methods of Master Sheng Yen

著者	釋常慧
出版	法鼓文化
總監	釋果賢
總編輯	陳重光
編輯	張晴、李金瑛
封面設計	化外設計
內頁美編	小工
地址	臺北市北投區公館路186號5樓
電話	(02)2893-4646
傳真	(02)2896-0731
網址	http://www.ddc.com.tw
E-mail	market@ddc.com.tw
讀者服務專線	(02)2896-1600
初版一刷	2025年6月
建議售價	新臺幣290元
郵撥帳號	50013371
戶名	財團法人法鼓山文教基金會—法鼓文化
北美經銷處	紐約東初禪寺 Chan Meditation Center (New York, USA) Tel: (718)592-6593　E-mail: chancenter@gmail.com

法鼓文化

本書如有缺頁、破損、裝訂錯誤，請寄回本社調換。
版權所有，請勿翻印。

國家圖書館出版品預行編目資料

傳心：聖嚴法師早期禪修方式探索 / 釋常慧著. -
- 初版. -- 臺北市：法鼓文化, 2025.06
　面；　公分

ISBN 978-626-7345-75-7 (平裝)

1. CST: 禪宗　2. CST: 佛教修持

226.65　　　　　　　　　　　　　114004741